「最適化」の世界

The Law of Optimization

並木良和

Yoshikazu Namiki

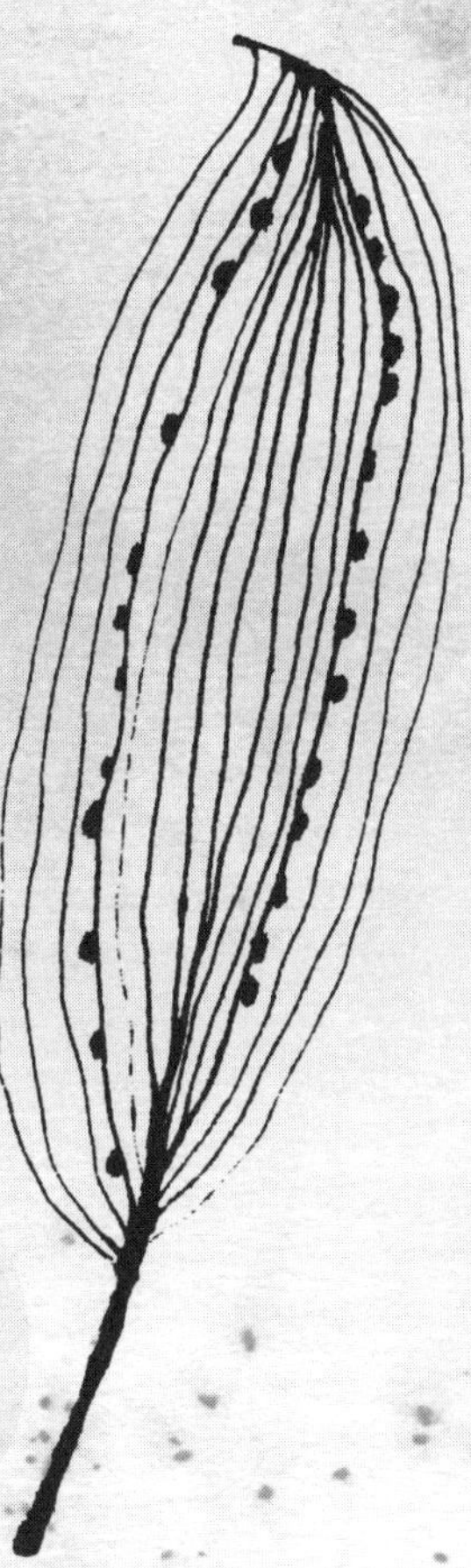

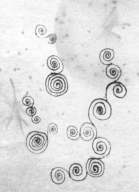

きずな出版

はじめに――ナチュラルに「最適化」が始まる

こんにちは、並木良和です。

まずは、この本を手に取ってくださったあなたに、心からの感謝を申し上げます。

本書では、これからの新しい生き方のスタンダードになる「最適化」について、お話ししていきます。

もしかしたら今のあなたには、何か悶々《もんもん》と悩んでいることがあるかもしれません。

何が悩みなのかさえ、よくわからないという人もいるかもしれません。

悩みなどはなく、何か新しいことが始まりそうでワクワクしている、という人もいるでしょう。

あなたがどういう状態であったとしても、今この本を手に取られたことは必然です。

スピリチュアルの世界では、

「偶然に起きることは何もない。

すべての事象《じしょう》、すべての出会いは必然である」

ということが言われます。

こうして、あなたが、僕のこの本を手に取ってくださったことも例外ではなく、必然のことなのです。

つまり、すでに、あなたの「最適化」が始まっていると僕は断言できます。

「最適化」とは何か。と言えば、あなたの身のまわりのすべてのことが「最適な状態」になることです。

「最適な状態」を別の言葉で表すならば、「最高の自分」「理想の未来」というところでしょうか。

「まさか、そんな奇跡のようなことが起きるわけがない」

と、あなたは思うかもしれません。


けれども、そんな奇跡が、これからのあなたに起ころうとしています。

あなたの表面的な意識が、それを望もうと望むまいと、「最適化」が始まります。

この「望もうと望むまいと」というのが、「最適化」ならではのポイントです。

たとえば、これまでの似た法則に「引き寄せ」がありました。

「あなたが望みさえすれば、それは引き寄せられる」というものです。

「引き寄せの法則」は、夢を叶《かな》えるには一つのいい方法でしたが、まずは自分で意識的に望まなくてはならない、ということが必要でした。

だから、確たる目標、確たる夢のある人には、とても便利なツールだったのです。

けれども、誰もが明確な夢を持っているわけではありません。

「幸せになりたい」と思いながら、「自分の幸せがよくわからない」という人は、案外多いものです。

ものはあふれ、生き方、愛し方、働き方も多様化しています。

その多様化していく社会で、本来の自分を見失ってしまうこともあるでしょう。

「自分は何をしたいのか」ということがわからない、ということが起きていくわけです。

どれを選んでもいい自由がある一方で、どれを選んでも不正解のような、そんな悩みを抱《かか》えてしまうこともあります。

「最適化」は、本来の自分を取り戻しさえすれば、あなたにとってのいいことが勝手に起こっていきます。

「○○が欲しい」「○○になりたい」なんて願わなくても、あなたに最適なものが、最適なタイミングで、あなたに届けられるのです。

「そんな夢のようなことが！」


そう、そんな夢のようなことが起こっていくのが「最適化」です。

この地球は、いま大きな変化の中にあります。

そこに生きる僕たちも、例外なく、その影響を受けることになります。

「悪いことばかりで、いいことなんて何もない」

「不安に押しつぶされそうです」

という声が、こうしている今も聞こえてきますが、でも、この変化は、破滅や破綻《はたん》へと向かっているわけではありません。

この先にあるのは、希望であり、真の幸福です。

だから「最適化」へと移行しようとしているのです。


そう、「最適化」がナチュラルに始まる。

ようやくそのスタート地点に、僕たちは立ちました。
あなたにも、その準備はできているはずです。
そうでなければ、この本を手に取ったりはしないからです。

本書が、あなたの「最適化」へのきっかけになるでしょう。
これから、そのことについて、お話ししていきたいと思います。

［目　次］

第1章

なぜ「引き寄せの法則」は、うまくいかなかったのか

第2章
最適化されていく世界を、誰もが体験できる

第3章

「本来の自分」を取り戻して存在する

第4章
「エネルギーワーク」で環境を整えていこう

「最適化」の世界

The Law of Optimization

序章

ゲートが閉まる前に、あなたに伝えたいこと

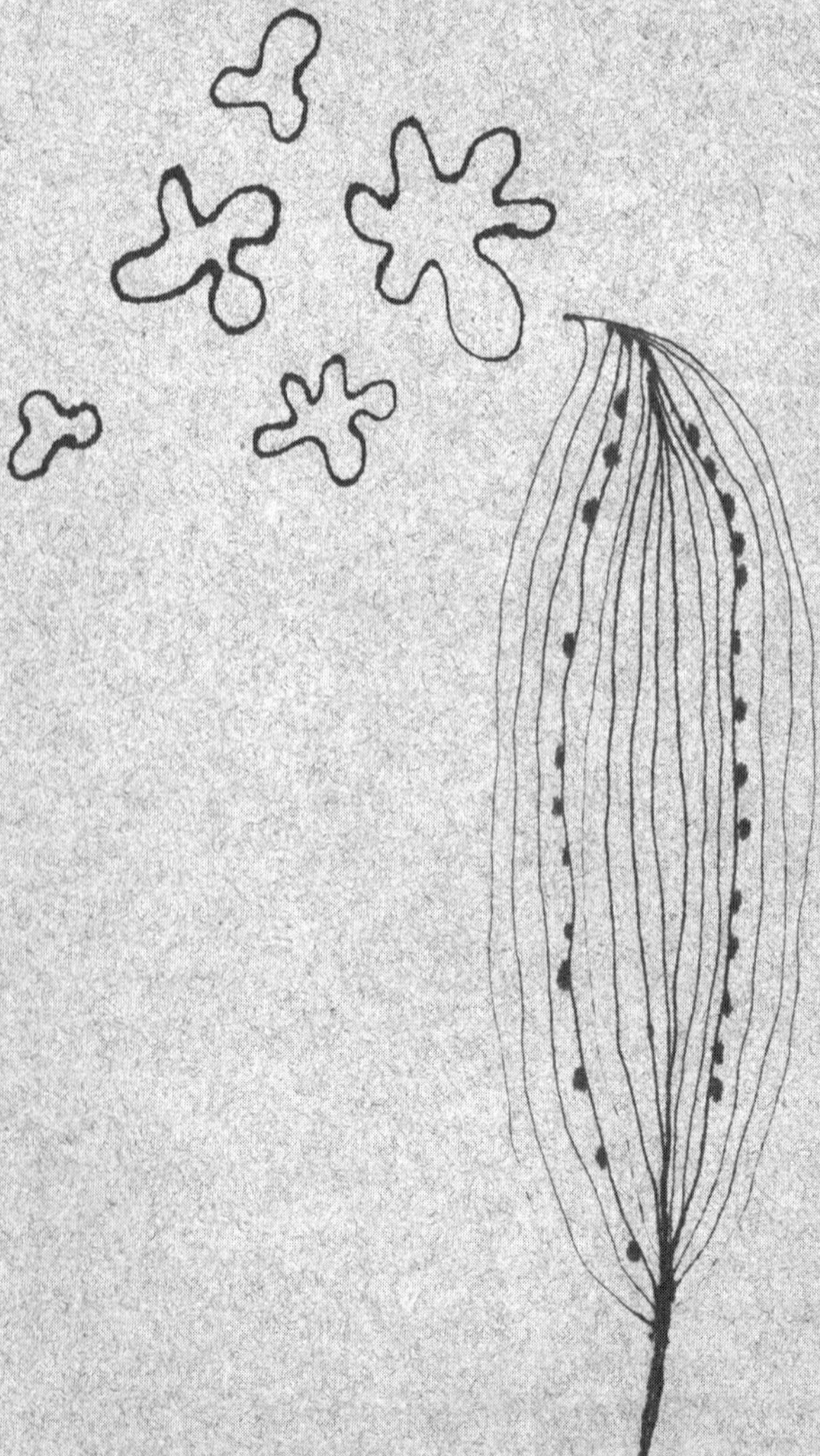

あなたは最高のタイミングで目醒《めざ》める!

2021年の12月。冬至の日にゲートが閉まるというお話を、これまで、いろいろなタイミングと場所でお話ししてきました。

何のゲートかといえば、それは、「目醒めること」を意識した人に開かれたものです。

これまでにもいくつかの節目がありましたが、その最後の選択のときを、僕たちは、人類全体として、いよいよ迎えることになったのです。

もしかしたら、あなたがこの本を開いている今は、すでに冬至の日を過ぎているかもしれません。冬至どころか、2021年をとっくに過ぎているかもしれません。

それがいつであっても、今この瞬間、あなたがこのメッセージを読んでいるタイミングに意味があります。

もし、その時期を過ぎてから本書を読んでいるとしても、あなたはすでに「目醒め」を選んでいるからです。安心して、このまま読み進めてください。

さて。

あなたは、目醒める方向に行くのか。

それとも、眠り続ける方向に行くのか。

あなたは、どちらを選択してもいいんです。

僕は、この世界に、「目醒めるときが来ましたよ」ということを伝えるためにやってきました。けれども、だからといって、「眠っていたい」という人を無理に起こすことはできませんし、するつもりもありません。

そんなことをしても意味がないからです。

僕たちは、誰もが、それぞれに、この人生を自分の思うように体験するために生まれてきました。自分で選択して、この地球にやってきたのです。

そして、あなたの人生は、あなたの選択によって決まります。

天気予報を見て雨が降るとわかったとき、出かけるのをやめる人もいれば、傘を持って出かける人もいます。予報ははずれると思って、あるいは少しくらい濡《ぬ》れてもいいと思って、傘を持たずに出かける人もいるでしょう。

それと同じように、「目醒めるときですよ」と言われて、「さあ、起きよう」という人もいれば、「もう少し寝ていたい」という人もいるわけです。そして、そのまま眠り続けるという選択をしても、もちろんいいのです。

ただし、これからの人生は、目醒めた自分として生きるのか、眠ったままの自分として生きるのかでは、まったく違ったものになります。

何が、どんなふうに変わるのか。

目醒めて生きる人には、これから「最適化」が起こるようになります。

日常の小さなことから、人生の節目となるようなことまで、あらゆることが文字通り、

「最適なタイミング」「最適な状態」で、あなたにもたらされるのです。

たとえば仕事で、たとえば家族のことで、気づけば、不思議なほど、素晴らしい運命が待っています。

こういうふうにお話しすると、

「引き寄せの法則が働くわけですね」

と言う方がいるかもしれません。

たしかに、「最適化」は「引き寄せの法則」と、一見、同じように見えるかもしれませんが、じつはそうではありません。

「最適化」の在《あ》り方と、「引き寄せの法則」の在り方は、似《に》て非《ひ》なるものです。

目を醒ます観点から言えば、「引き寄せの法則」が基本の意識では、その方向から逆走することになります。つまり、目を醒ましたいと言いながら、目を醒ますスタンスには立てていない、というのが「引き寄せの法則」です。

「引き寄せの法則」から「最適化」の時代へ

「引き寄せの法則」は、日本では、2007年に出版された『ザ・シークレット』（角川書店）で紹介されました。『ザ・シークレット』は、もともとは、成功者たちをインタビューした映画を下敷きとして、2006年にアメリカで出版されました。

ウィキペディアによれば、書籍は世界50カ国で翻訳され、トータルで2000万部以上を売り上げたそうです。それだけの影響力を世界に与えたわけです。

「思考は現実化する」という積極的思考（ポジティブシンキング）をテーマにして、「夢」や「願い」は引き寄せることができる、という考え方は、当時は画期的なものでした。そして今も、その法則は有効です。

「引き寄せの法則」は「宇宙の法則」そのもので、それは誰にも働いている、嘘偽《うそいつわ》りのない真実です。

ただ、それがスピリチュアルの世界で大流行したために、多くの意識が「何がなんでも引き寄せたい」という意識に傾《かたむ》いてしまったのです。

「お金も引き寄せられる」「車も引き寄せられる」「人も引き寄せられる」という欲望と、「私も絶対に引き寄せたい」という執着《しゅうちゃく》が、地球のエネルギーをどんどん重くしてしまった節があります。つまり「引き寄せの法則」とは、言い換えれば「自我の想念」「欲の想念」で、それらがウワーッと人々から発信されたときには、残念ながら、決して「軽やかなエネルギー」とはならないわけです。

「引き寄せの法則」が悪いわけではありませんが、多くの人が法則の背景を理解せず、願望を引き寄せることだけに集中すれば、ドロドロした欲となり、そのために、地球自体のエネルギーが重くなってしまうのです。

また、「引き寄せの法則」は、たとえ何か望んでいるという状態ではなかったとしても、その力は有効なんです。

たとえば、自分の中で、「私はどうしたらいいんだろう？　何がやりたいんだろう？」というようなことを悶々と考えていたとしたら、その磁力《じりょく》を発して、悶々とする出来事や人を引き寄せてしまうこともあったわけです。

「最適化」は、ただ本来の自分自身でいる、というそれだけで、自動的に起こるものです。

「これを引き寄せたい」「あれを引き寄せたい」と言って、本来の自分とはズレた状態で、自我やエゴを通して無理に物事を引っ張ってこようとする「引き寄せ」の動きと、「最適化」の在り方は、まったく違います。

目醒めたいのであれば、「引き寄せの法則」を超えていく必要があります。

眠りの方向を選ぶのであれば、いままで通りでもいいのです。でも、ここから変えていくというのなら、「引き寄せの法則」から「最適化」へと移行していくことです。

この地球と共生していく意識の在り方

いま、地球は軽やかに波動を上げようとしています。

そして多くの人たちが、「引き寄せの法則」という在り方から、「最適化」という在り方に移行することによって、この地球の進化を助けることにもなります。

「最適化」の在り方に軌道《きどう》修正することで、あなた自身の目醒めを加速させ、人生の質を向上させることになるわけですが、それは地球の波動を上げる、そのサポートをすることにもつながります。

これは、地球と共生していくうえで、とても大事な意識の在り方です。

ではどうすれば、「引き寄せの法則」から「最適化」に移行できるのかと言えば、支配することからも、支配されることからも、手を引くことです。

「引き寄せの法則」は、自分の思う通りのものを引き寄せられるというのが最大のメリットでした。

自分の思い通りにしようとすれば、コントロールが入ります。それが支配の世界をつくることになるのです。

「支配される世界」は、三角形のピラミッド構造になっていて、ヒエラルキー（身分階層制）をつくっています。ピラミッドの頂点に支配者が立ち、その底辺の者たちを支配しています。支配する者が、支配される者に恐怖だったり不安だったりを与え、それを煽《あお》ることでコントロールしていく——そういう構造が、これまでの世界には色濃くあったわけです。

「引き寄せの法則」を誤《あやま》って理解することは、この「支配される世界」と同調しかねないのです。

それに対して、「最適化」された世界は支配の構造からは抜けたところにあります。

「最適化」は、自由な意識の下《もと》に発動します。それは、もともと自分というものは、自由な意識だったんだと思い出すことにもなるでしょう。

「引き寄せの法則」を使うといった場合、まずは自分が意識的に望むことだったのに対して、「最適化」では、自分では望んでさえいなかったことが叶っていくことになります。つまり、前者は「ない」という意識がベースになっていて、後者は「ある」という意識がベースにあるのです。

だから結果的には、同じことが起こったとしても、意識の在り方がまったく違うわけです。

あなたが「目醒め」を望んでいるのであれば、「引き寄せの法則」の意識からは、脱却していく必要があります。

そして、その「引き寄せの法則」に替わるものが、「最適化」です。

「目醒める人」には、これから「最適化」が始まります。

引き寄せるのではなく、流れに身をまかせてみよう

僕が「最適化」という言葉を使い始めたのは、2018年くらいだったと思います。そして、この2年は意識して、その在り方をお伝えするようになりました。

ここで確認しておきたいのは、僕はこの本で、「引き寄せの法則」がダメだということを言いたいのではありません。

「引き寄せの法則」というのは確実に存在していて、これが「宇宙の法則」の一つであることには変わりはないのです。

また僕のことで言うなら、引き寄せるのは、じつは得意なんです。

けれども、あるときから、「引き寄せの法則」という在り方に「疲れ」を感じるようになったのです。

「引き寄せる」には、「あること」「あるもの」に目標を定めて、それを引き寄せるわけです。「目標」を「狙《ねら》い」に置き換えてもいいでしょう。

そうして、自分が焦点をあてたものが得られるわけですから、それは嬉《うれ》しいことです。けれども、嬉しい反面、「何かが違う」と思ったのです。

なぜ、そんなふうに思うようになったのか、そのきっかけは覚えていないのですが、いつの頃からか、「引き寄せ」がどこか「力づく」で、それを得るような、そんな感覚を持つようになりました。

それで、「引き寄せの法則」は「もうやめよう」と決めたのです。

力づくで「引き寄せ」ようとするのではなく、「流れに身をまかせてみよう」と思ったのです。

「自分でなんとかしよう」とするのではなく、ただ身をまかせることにしたわけです。

「大いなる流れ」は、もともと存在しています。

その流れに身をまかせてみると、引き寄せようとしなくても、必要なことはちゃんと身のまわりに形づくられていくことを体験することができました。

それをするのに、疲労を感じるようなこともありません。

「こうなりたい」「○○を手に入れたい」というような目標も願いもなく、それを祈ることさえしないのに、身のまわりのことが「最適な状態」でナチュラルに叶えられていくのです。これが「最適化」です。

ある意味では、それはたしかに「引き寄せ」られたものですが、「引き寄せの法則」とはまったく違う意識によって、もたらされるのです。

『ザ・シークレット』では、多くのマスターが、「引き寄せの法則」によって人生が変わったことをお話しされていますが、彼らがしていたことは、いまになってみれば、「引き寄せの法則」ではなく、「最適化」です。

けれども当時は、まだ「地の時代」であり、「引き寄せの法則」の在り方は、時代に合った「わかりやすい表現だった」と僕は思っています。

マスターたちは、たしかに「秘密の法則」を知っていました。

この法則さえ知って行動すれば、身のまわりのことが、まるで奇跡のように最適化されていったのです。

時代は「地の時代」から「風の時代」に移り、誰もがマスターのように生きられる、マスターになれるときがやってきました。

そうなるための条件が一つだけあるとしたら、それは「目醒めること」です。

新しい時代を目醒めて生きる人には、「最適化」が起こっていきます。

まだ遅くはありません。

今この瞬間が、あなたにとってのベストタイミング。

いまこそが、決断のときです。

さあ、起きて。

一緒に奇跡を体験しましょう。

第1章

なぜ「引き寄せの法則」は、うまくいかなかったのか

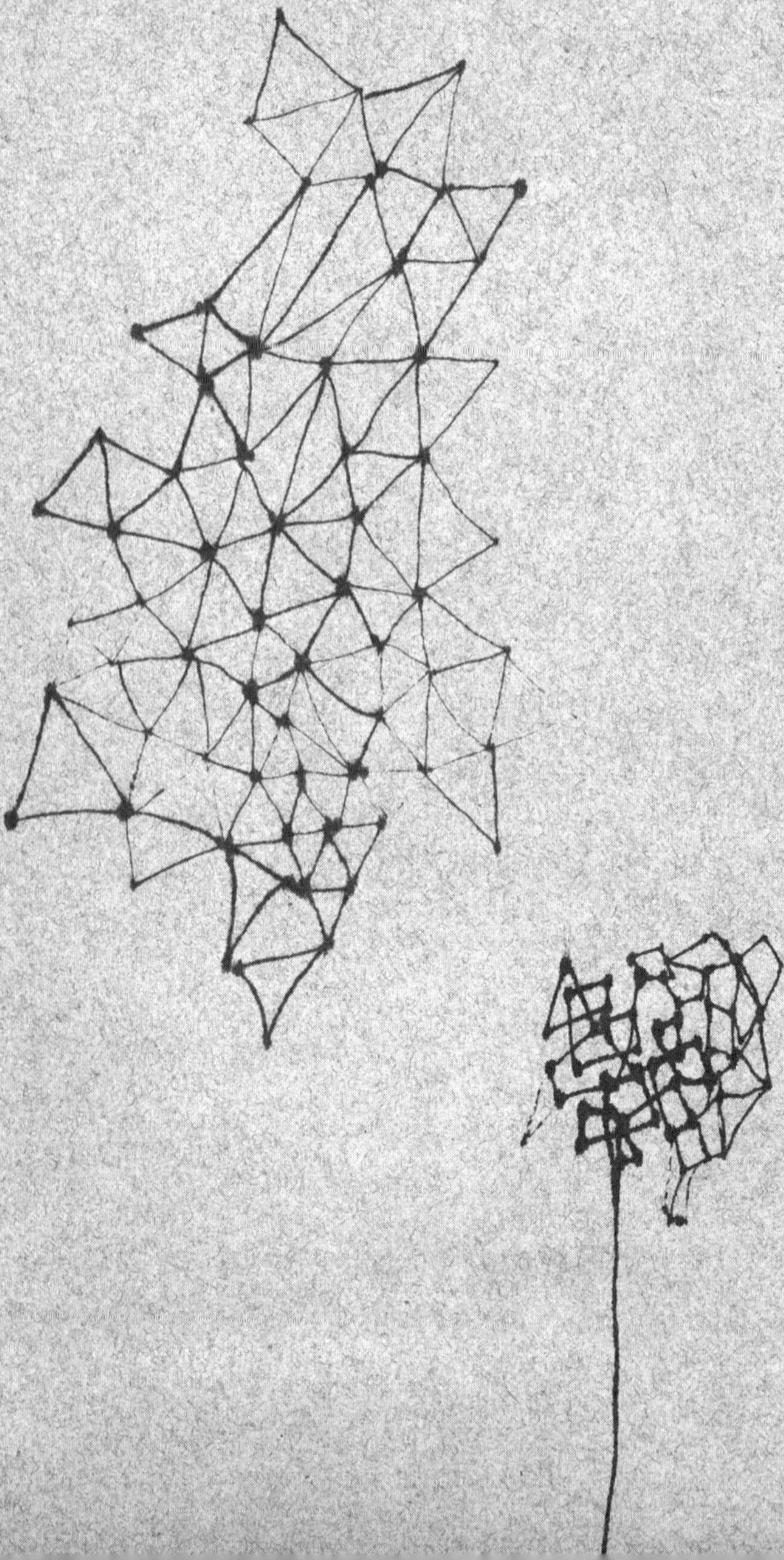

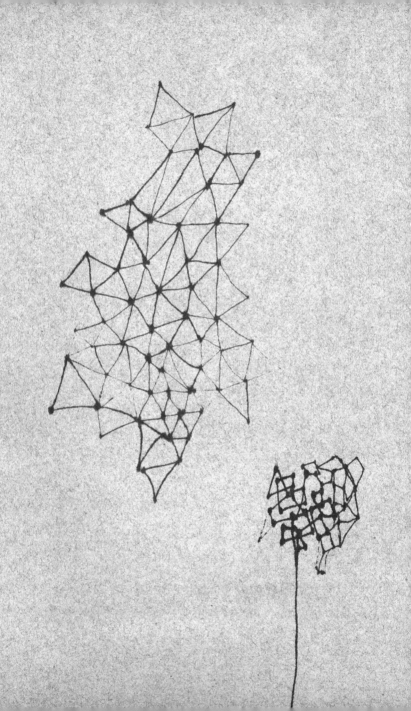

「引き寄せの法則」とは何だったのか

「引き寄せの法則」は、「偉大なる秘密」として、何世紀にもわたって一般の人たちには隠されてきたものだと、『ザ・シークレット』には書かれています。

「この『秘密』は、代々伝えられる中、人々に熱望され、隠され、失われ、盗まれ、莫大なお金で買われたこともありました。

歴史上最も著名な人々は、何世紀も前から存在していたこの『秘密』を理解していたのです。プラトン、ガリレオ、ベートーベン、エディソン、カーネギー、アインシュタイン等の発明家、理論家、科学者、偉大な思想家達です。」

（ロンダ・バーン著『ザ・シークレット』角川書店　２００７年刊、裏表紙より）

時代や地域、人によって、その法則は断片的に受け継がれていたというわけです。

では、そのとき、「最適化」は存在していなかったのでしょうか。

「宇宙の法則」は、宇宙の存在とともに、そこにあるものです。

「引き寄せの法則」も、「最適化」も、「宇宙の法則」そのものですから、人類の歴史とともに、あるいは、それ以前から、それらはいつも、そこにありました。

つまり、「引き寄せの法則」を使う人たちがいたとしたら、「最適化」もまた発動されていた、ということが言えます。

「引き寄せの法則」のマスターたちが、じつは「最適化」されていたというのは、そういうことです。

マスターたちは、『ザ・シークレット』の中では、「引き寄せの法則」という角度から話していますが、じつは彼らは皆、「最適化」のゾーンにいる人たちです。
「引き寄せの法則」は、言葉としても、とてもわかりやすいものだったので、それが一人歩きして、「マスター＝引き寄せの達人」のように括《くく》られてしまったということだと思います。

これまでの時代で、「最適化」のゾーンにいた人たちをあげれば、『ザ・シークレット』に登場する人たちをはじめ、仏陀《ブッダ》やイエス・キリストにまでも遡《さかのぼ》ることができます。

そうしたマスターたちによって、大切な意識の在り方が説かれ、「宇宙の法則」は受け継がれていったわけです。

「引き寄せの法則」も、その例外ではなかったのですが、「思えば引き寄せられるんでしょう?」というような、自分に都合のいい解釈をして、もともとの法則とはズレていったということがあります。

じつは、「引き寄せの法則」によって、「うまくいった」「成功できた」という人がいる一方で、「少しも役に立たなかった」「いまだに何も引き寄せられていない」という人も多く存在しています。

それが本当に「宇宙の法則」であるなら、例外なく、願いは叶えられていいはずでしょう。けれども、そう、うまくはいかなかったのです。

たとえ引き寄せられたとしても、僕のように、何か違和感のようなものを感じて、疲れてしまったり、その法則を使おうとして病気になったり、という人もいたわけです。

「引き寄せの法則」は、どうして、うまくいかなかったのか――。

本章では、それについて検証してみたいと思います。

それをすることによって、「最適化」との違いがわかり、もしも「いまの自分」が悶々としているとしたら、その理由も、自《おの》ずとわかるはずです。

自分にとっての成功、自分にとっての幸せを考える

「マスター（master）」という言葉は、「主人」「集団の責任者」として使われますが、「習得する」「自分のものにする」という意味もあります。

「引き寄せの法則」つまり宇宙の法則を習得した人たちが「マスター」で、前でもお話しした通り、その人たちの名前をあげるなら、イエス・キリストや仏陀にまでも遡れるわけです。

まさに「特別な方たち」ですが、これからは、もっと普通の人たちが「マスター」になります。そう、誰もがマスターになれる時代がやってきているのです。

「引き寄せの法則」は、「思えば叶う」という、そのわかりやすさで一気に広まっていきました。

けれども、それを誰もが使いこなせたかというと、そうではなかったのではないでしょうか。

「引き寄せの法則」は、多くの人たちがうまくいかなかったはずなんです。

願うことで引き寄せることができる——ということを、本当に理解できた人は、わずかだったと思います。

では、なぜ「引き寄せの法則」はうまくいかなかったのかと言えば、引き寄せたいと願った「思い」や「夢」「目標」が、本来の自分のそれとは一致していなかった、ということに、その理由の一つがあります。

たとえば「成功したい」という願いがあるとき、その「成功」とは何でしょうか?

たとえば「結婚したい」という願いがあるとき、その「結婚」とは何でしょうか?

「成功」とは、「お金持ちになること」だという人もいれば、「有名になること」だという人もいるでしょう。「会社を大きくすること」だという人もいれば、「社会的な影響を与えること」だという人もいるかもしれません。

けれども、ここでもう一度、それを考えたときに、果たして、その「成功」とは、本当に自分が望んでいることだったのでしょうか？

もしかしたら、その「成功」とは、「一般的に、そう思われていること」だったのではありませんか？　誰かに教えられたことである可能性もあります。それこそ著名な人たちが言ったり書いたりしてきたことをなぞって、「それこそが成功なんだ」と思い込んでしまったということはなかったでしょうか？

あなたにとっての「成功」とは何でしょうか？

あなたが「本当に望んでいたこと」とは何でしょうか？

ある経営者で、40歳を過ぎて起業し、短期間でその会社を上場させた方がいました。それこそ、彼のいた業界では時代の寵児《ちょうじ》のようにもてはやされましたが、数年後には倒産の危機に陥《おちい》ります。

彼は、自分の仕事が好きでした。でも、いつのまにか、その好きだった仕事は、自分のものではなく、株主たちのもののようになっていたのです。少なくとも、そんな不自由を、彼は感じたのでしょう。

「こんなことを望んでいたわけではなかったのに」と、あるとき漏《も》らした言葉が印象的でした。

まさに、これこそが「引き寄せの法則」の盲点です。

傍《はた》から見れば、一度は彼は「成功」を引き寄せたのかもしれません。でも、もともとの「望み」がそれではなかったとき、本当の意味で、その成功を自分のものにすることはできません。

自分の本来の望みとは、ズレていたからです。

自分とズレた状態で引き寄せようとしても、それはうまくいかないのです。

「こうあるべき」という概念にしばられてしまうとき

「成功」と一口に言っても、何をもって成功というかは、人それぞれ違います。

誰かにとっての「成功」を自分に持ってきても、それはうまくいくはずがないのです。

そこに「引き寄せの法則」の無理がありました。

「最適化」というのは、成功か失敗かということからははずれたところにあります。

そこには、ただ「経験」があるだけです。

「会社が倒産する」とか「病気になる」「大切なものを失う」ということが人生に起きると、
それを「失敗」のように感じることがありますが、僕たちの人生には「失敗」というものはありません。ただ、「それを経験した」というだけのことです。

それを理解することが大切です。

僕たちは、この地球に、経験をするために生まれてきました。

成功するために、ここにいるわけではないんです。

お金をたくさん稼ぐためでも、パートナーを得るためでもない。

結婚して子どもを生むためでもない。

家を持つためでもなければ、家族団らんを楽しむためでもない。

それらのことは、すべて「経験」の一つに過ぎないのです。

それを人生の目的として捉《とら》えてしまうと、無理が出てきます。

「成功」とはこういうものだ、「幸せ」とはこういうものだという、刷《す》り込《こ》みのようなものがあって、それに「右へ倣《なら》え」で考えてしまうと、自分にはないものが目につきます。

「お金もない自分」「家族もない自分」を意識することで、「価値がない」「力がない」と思い込み、ふさぎ込んでいくことになります。

でも、時代は変わっています。

一昔前のモデルといえば、とにかく痩《や》せていなければいけないということがあったようですが、いまでは痩せすぎたらいけないそうです。

これまでの「こうであるべき」「こうであるはず」という価値観、概念があった時代が、終わるときを迎えています。

その「こうであるべき」ということが、多くの人が「引き寄せ」ようとしたものだったのです。

それは「地の時代」の遺産のようなものでした。

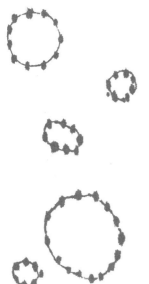

「地の時代」と「風の時代」の違いを確認する

２０２０年の12月、水瓶座の位置でグレート・コンジャクションが起こり、「風の時代」がスタートしました。

「グレート・コンジャンクション」とは、木星と土星が重なる現象で、社会に構造改革が起こるときだと考えられています。

前回は、20年前の１９８０年に、牡牛座の位置で起こりました。

「風の時代」といわれるのは、今回のグレート・コンジャクションが「風の星座」である「水瓶座」で起こったからです。

ちなみに、西洋占星術では12星座を、次の「火」「土」「風」「水」の4つのエレメントに分けています。

◎12星座の4つのエレメント

火の星座――牡羊座、獅子座、射手座
土の星座――牡牛座、乙女座、山羊座
風の星座――双子座、天秤座、水瓶座
水の星座――蟹座、蠍座、魚座

「グレート・コンジャクション」は20年に一度起こりますが、その位置は、これまでの250年はずっと、「地の星座」のいずれかになっていました。

ところが、今回のグレート・コンジャクションは、風の星座である水瓶座の位置で起こりました。これにより、今後250年のグレート・コンジャクションは、地の星座から、風の星座に移行しました。

「風の星座」のもっとも象徴的なメッセージは、一つの型にはまらない、多様性です。そして、型にはまらないという意識になることで「最適化」が発動します。

「最適化」がいったん発動されると、その人は幸せで幸せでしようがない、というほど、身のまわりのことがすべて、うまくいくようになります。

その人にとっての本当の幸せが、どんどん形になっていくからです。

「そうなりたい」と意識的に願っているわけでもないのに、自分にとってのベストな状態に導かれていくのです。

誰かと比較することもありません。だから嫉妬するようなこともありません。

もう誰をも、自分をも侵《おか》さなくなるのです。

「風の時代」に入ったことで、それ以前より、地球の波動は軽くなっています。

それと「最適化」が始まったことは、もちろん無関係ではありません。

そうした時代の変化を、感性のよい人たちは、スピリチュアルのことを知らなくても感じとっています。世代でいえば、若い人ほど柔軟なので、その傾向が強いようです。スピリチュアルを、無意識に理解している人が増えているのは、まさに新しい時代のブループリント（青写真）です。

たとえば「地の時代」のピーク時とも言えるような80年代、90年代は、家を持つこと、車を持つことが一つのステイタスでした。ところが今の若い人たちは、「べつに車なんて持たなくていい」「家なんて買わなくてもいい」と考える人が多くなりました。「所有すること」より、「シェアすればいい」となるわけです。

定額料金を支払うことでコンテンツやサービスを利用できる「サブスク（サブスクリプション）」のビジネスモデルが登場したのも、いまの時代を象徴しています。

たしかに時代は、「地の時代」から「風の時代」に移行していることを、そんなことからも感じることができます。

あなたの望みは、なぜ叶えられなかったのか

「引き寄せの法則」を意識的に使うとき、まず自分が「それを望んでいること」が大前提にありました。

繰り返しお話ししているように、その望みが、本来の自分のものであるなら、それは間違いなく引き寄せられ、つまりは「最適化」されていきます。

「引き寄せの法則」がうまくいかなかったのには、その大前提が成立していなかったからです。

自分自身が、心の底から望んでいたことではなく、誰かが望んだこと、誰かが「それが

ベストなんだ」と言ったことを「自分のもの」と勘違いして、ズレを生んだわけです。

それがなぜ、よくないことなのかと言えば、自分のその思いによって支配されてしまうからです。

「あれが欲しい」「これが欲しい」という欲や要望に支配される、のまれてしまう、というのは、やはり不幸と言わざるを得ません。

せめて、その望みが自分から生まれたものならまだしも、自分以外の人の望みであった場合には、まさしく、その誰かに支配されているわけです。

たとえば、結婚ということ一つをとってみても、

「私は結婚したいんです。

喉《のど》から手が出るほど、人生のパートナーを求めているんです」

という人でも、よくよく話を聞いてみると、それを本当に望んでいるのは、本人の母親や父親だったりすることが多いのです。

「早く孫が欲しい」

「子どもがいい年をして結婚しないのは世間体《せけんてい》が悪い」

そんな理由から、娘や息子に結婚することを望んでしまうのです。

そして、その娘や息子は、それに応えようとして結婚を望む、というわけです。

親の望みが、いつのまにか自分の望みにすり替わっています。

それでは、望みは叶えられることはなく、引き寄せられないのは、当然の摂理《せつり》です。

では、それによって引き寄せることができず、不幸だったかと言えば、そうとは限りません。

自分では「引き寄せの法則」を使って引き寄せようとしたにもかかわらず、それが叶えられなかったのは、あなたが本当に望んでいたことではなかったからかもしれないからです。

ある意味では、それこそが「最適化」の結果だということもあります。

「引き寄せの法則」も「最適化」も宇宙の法則で、それは、厳然たる真実として、常に機能してきました。

つまり「最適化」は、ずっと前から、あなたに起こっていたということもできます。

ではなぜ今「最適化」なのかと言えば、それを僕たちが意識できるようになるのが今だからなのです。

「引き寄せの法則」がうまくいかないことが、不幸なのではありません。

自分以外の誰かに支配されることが、不幸なのです。

人は誰もが、自分の人生を体験するために生まれてきました。

誰のものでもない自分の人生です。

けれども、これまでの地球では、人によっては、それを楽しむのに窮屈《きゅうくつ》なところがありました。

多様性より、型にはまっていることがよいとされていたからです。

所有することが豊かさだと信じられていたからです。

そういう時代に生きにくさを感じた人たちは、「引き寄せの法則」を使おうとしても、無理が出て、うまくいかないということが多かったのです。

自分が選択して生まれてきたことを意識する

「自分はツイていない」

「自分ばかりが損している」

と思うときに、その原因を「こんな家に生まれたからだ」「会社が悪いからだ」「政府が悪いからだ」というように、自分以外の人や何かのせいにしてしまうことがあります。

そうしてしまうのは、「いまの人生を自分で選択して生まれてきたのだ」という意識がないからです。

けれども僕たちは、すべてを自分で選択して、この地球に生まれています。

自分はどの国に生まれるのか、どの両親のもとに生まれるのか、ということも、もちろん自分で選んできたのです。

これがスピリチュアルな真実です。

まずは、この視点をしっかりと持つことがとても大切です。

「自分が選んだことだ」ということがわからないと、「なんで自分が、この場所にいるのか」がわからなくなってしまうことがあります。

とくに、環境的につらいことが重なると、その思いが強くなり、結果として、自分以外の誰かを責めることになるわけです。

今ここにいるのは、あなたが、この状況を体験するためです。

それを体験したいと思ったから、あなたは、ここに、自ら選んで生まれてきています。

この意識が持てないと、「間違って産み落とされただけ」という気分がぬぐえません。

「こんなところに、生まれたくて生まれたんじゃない！」と思うのです。

でも、そう思っているうちは、自分とのつながりから離れていくばかりです。

自分とつながっていない人は、自分の力を発揮《はっき》することができません。

本当の人生を生きることもできません。

そして、ますます「自分はツイていない」「自分ばかりが損をしている」という状況から抜け出せなくなってしまうのです。

すると、ますます、それを人のせいにします。

自分が進学できないのも、結婚できないのも、親のせいにしたりします。会社で認められないのを上司のせいにしたり、給料が安いのを会社のせいにしたりします。病気になったり、災害にあったりすれば、運命のせいにします。

文句を言うばかりの人生です。

「そんな人生でもしかたがない」と思えるならば、それでもいいんです。

でも、「こんなんじゃイヤだ」と思うから、文句が出るのでしょう。

そうだとしたら、もう、そのやり方を変えませんか?

人のせいにしているうちは、意識が自分から離れています。

その意識を、自分に戻すのです。

「いま起こっていることは、すべて自分が選択したもの」と、意識することです。

それだけで、自分に力を取り戻すことができます。

力を取り戻せば、いま見えている景色も変わるはずです。

いま病気だという人は、そのために働けなかったり、夢をあきらめなければならなくなったり、ということがあるかもしれません。

そのときに、病気になったことを恨《うら》んでも、気持ちは落ち込むばかりです。

「人のせい」にするということには、「自分のせい」も含まれます。

いま起きていることの原因を自分を含む「誰か」に設定して、その責任を押しつけてしまうのです。

でも、誰のせいでもない。すべては、自分が選んできたことなのです。

なぜ、この人生を自分は体験しているのか

「いまの人生は、すべて自分が選んできたこと。

そうだとしたら、それはやっぱり自分のせいなのではありませんか？

やっぱり私はツイてない。そういうことなんですよね？」

人生がうまくいかないとき、自分の人生を不運続きだと思うとき、そんなふうに言う人がいますが、その考え方は極端すぎます。

人生を客観的に見たときに、いいときもあれば、いいとは言いがたいときもあります。

でも、それは、人生に起こる出来事に、自分の視点を通して、ポジティブだ、ネガティ

ブだと判断している状態にすぎません。

僕たちは、この人生で起こることを体験するために、ここに生まれてきています。

日本では２０２０年から始まった新型コロナウイルスの感染拡大は言うまでもなく、この数年で、その他の自然災害、人的被害、そこから波及した、さまざまな「大変なこと」がこの世界を取り巻いています。

「なんで、こんなときに生まれてきちゃったんだろう」と思っている人もいるかもしれませんが、スピリチュアルの視点からすれば、僕たちは、この時期に起こることを知って、生まれてきているのです。

たとえば、２０２１年1月1日に東京で生まれた子どもは、自分の親が誰で、親たちの環境や境遇はどういうものかを知って、その日を選んで生まれています。自分の生まれた場所で何が起きるのか、ということも知っています。

「なにも、こんな大変なときに生まれてこなくても」と思うかもしれませんが、その子は、その大変さを体験したくて、生まれてきているのです。

言い方を換えるなら、この時期を選ばなければならなかったわけでもないのに、さらには東京という場所でなくてもよかったのに、あえて、それを選んで生まれてきたのです。ある意味で、とてもチャレンジャーな魂《たましい》です。

僕はよく、人生をテーマパークのアトラクションにたとえるのですが、なにもお化け屋敷に入って怖い思いをしたり、ジェットコースターに乗って、手に汗にぎるような体験をしなくてもいいじゃないかという人もいるでしょう。でも、お化け屋敷やジェットコースターの列に並ぶ人たちは、それをしたくて、列に並んでいるのです。

「どうせなら1回転より2回転、3回転のほうが面白いよね」というのが、いまの時代を選んで生まれた人たちの共通点かもしれません。

「こんなつらい思いをするために生まれてきたはずがない」

という人もいるでしょう。

でも、スピリチュアルの真実は、それほどのつらい思いを体験するために、あなたは生まれてきて、まさに今、それを体験している真っ最中、とも言えます。

なぜ、そんな体験がしたかったのかと言えば、地球に生まれる前には、そうした体験がなかったからです。

生まれる前の世界では、僕たちは「完全な存在」でした。

支配もコントロールもない世界、比較や嫉妬のない世界で、ありとあらゆる欲からも解放された存在として、そこにいたのです。

だから、「ちょっと地球に行って、『嫉妬』ってどんなものか見てこようかな」と思ったのです。「『成功』って、どんなものか見てこよう」と思った人もいれば、「『その後の挫折《ざせつ》』を味わいたい」と思った人もいたのです。

そうして僕たちは、地球での体験を果たして、この人生を終えることになります。

「こんなにつらい人生はなかった」という人も、終わったときには、それこそお化け屋敷の外に出たような気持ちで、「でも、面白かったね」となるのです。

繰り返して言うなら、僕たちは、この人生で起こることを、ある程度、知って、生まれてきました。つまり、それに向けて準備もしてきています。

あなたの人生には、いろいろなことが起きているでしょう。

それこそ、いまほど苦しかったことはないという人もいるはずです。

でも、あなたには、その準備ができているのです。

その苦しい体験を越えられるだけの力をもって、ここに来ています。

らくらく乗り越えられる、ということではありません。それを克服するのは、そんなに簡単ではないでしょう。その大変さを体験しに来ているからです。

でも、突然にそれを体験させられているのではなく、もともとのあなたにとっては「想定内」のことだということを知ってください。

だから、あなたは、だいじょうぶなのです。

同じように、あなたのまわりの人たちも、だいじょうぶです。

人生で起きることは、誰のせいでもありません。

そうなることを知って、それを体験するために、僕たちは生まれてきた。それがわかれば、誰かを責める必要がないこともわかるでしょう。

自分の体験をどう感じて、どう捉えるか

誰かを責めているうちは、「引き寄せの法則」はうまく起動しないのです。

あなたのまわりに、うまくいかないことを人のせいにして、いつも文句ばかり言っている人がいたら、つい、「それはよくないよ」と言いたくなるでしょう。

なんとか、その人に変わってもらいたいと考えるかもしれません。

僕は、みなさんに目醒めのタイミングをお知らせするために、この地球に来たと思っているのですが、僕の仕事は、お知らせするまで、と思っています。

お知らせして、その人が目醒めるかどうかにはタッチしません。それは、みなさんが自

分で決めることだからです。

こんな言い方をすると突き放されたように感じる人もいるかもしれませんが、そうではありません。

それを選ぶのは、僕も含めて、他人がとやかく言うことではないと心から思っています。

誰だって、自分の人生の方向性を無理矢理決められるのはイヤなのではないでしょうか？

人生で大切なのは、いまを楽しむことです。

「楽しむ」というと、面白おかしく過ごすことだと思うかもしれませんが、それは少し違います。言葉を換えるなら、「味わう」のほうがいいかもしれません。

自分の人生に起こることを、味わいつくしてこそ、ここに生まれてきた意味があります。

なにか悪いことが起こると、それをなんとか、いいことに変えないといけないような気持ちになります。それが、自分ではどうしようもないことだと思えば、誰かのせいにするしかない、ということが起きてきます。

でも、いいことも悪いことも、全部を体験しに来ていることを思えば、そんな必要はないでしょう。

何がいい悪いではなく、それを自分がどう感じ、どう捉えるか。それによって、「あなたにとっての人生」が変わっていきます。

そう考えると、自分を変えることはいつだってできる、ということに気づかれるのではないでしょうか。

たとえば何か事柄が起きていたとしても、その事柄をどういうふうに見るのか。その見方は、いくらでも変えられるはずです。

病気をしたことをネガティブに捉えて、不運だと嘆《なげ》く人もいれば、病気をしたからこそ体験できたことに目を向けて、ポジティブにそれを乗り越えていく人もいます。

不況で会社が倒産したら、失業したことを恨む人もいれば、「転職のチャンス！」と思う人もいるわけです。

同じ事柄でも、ネガティブな見方と、ポジティブな見方があるわけです。

どちらの見方を選ぶかは、自分次第です。

自分に起きたことについて、自分自身を不甲斐《ふがい》なく思ったり、誰か人のせいにしたりするのは、ネガティブな見方です。

それに対して、「これを体験することができた」「ここから学べることができた」というように考えられるのが、ポジティブな見方です。

いままでは、もしかしたらネガティブな見方になりがちだったのが、それをポジティブな見方に変えられたら、そこから先は、それまでとはまったく違う流れをつくっていくことだってできます。

ところで、ついネガティブな見方をしてしまいたくなるようなことというのは、人生に起こりがちです。自分自身が病気になったり、仕事で失敗したり、思いがけない人との別れがあったときには、誰かのせいにしたくなるものです。自分だけでなく、自分の家族や親しい関係の人たちにトラブルが起こるときも同様です。

そのときこそ、自分の人生の見方、捉え方に気づき、変えていけるチャンスです。

そのためのメッセージとして、そうしたことが起こっているということもできます。

それに気づいて、ポジティブに受けとることができたら、それこそ、人生が変わっていきます。「最適化」が発動するわけです。

残念ながら、それに気づける人は、そう多くはありません。

自分ではどうしようもないことが起こったときというのは、つらいものです。

誰かのせいにできるなら、そのほうが簡単で、一時《いっとき》はラクなんです。

でも、それでは、本当の意味では、何も変わらないし、救われることも、乗り越えることもできません。

ただただ、文句を言うだけの人生が続いていくだけです。

あなたは、それでいいのですか？　ということなんです。

「引き寄せの法則」で引き寄せられる人は、「思い」と自分自身が一致している人です。

自分の人生を人まかせにしているうちは、それができていないのです。だから「引き寄せ」も、うまくいかなかったのです。

それさえわかれば、今この瞬間から、「最適化」が始まります。

義務ではなく、直感にしたがって行動する

「思い」と自分自身が一致していれば、引き寄せようとしなくても、「引き寄せの法則」が勝手に働きます。

そうなると、もう、願わずして叶うのです。

祈ることも、望むことも必要ない――「最適化」が始まるわけです。

そして、「最適化」が始まると、じつは、あなたは少し忙しくなります。

「もう祈ることもしなくていいのに、どうして忙しくなるのか？」

と思われるかもしれませんが、最適化されるというのは、宇宙とつながることです。

宇宙とつながると、いろいろな情報やインスピレーションが降りてくるようになります。その降りてきた情報に対して、肉体を持っている僕たちは、行動を起こしていく必要があります。

なぜなら、肉体を持っているというのは、必ず行動を伴うということでもあるからです。宇宙からのメッセージは、ふとしたビジョンや体感で受けとることができます。自分が感じたことを、行動と一致させていく――「最適化」には、そのプロセスも含まれています。

行動しなければ、「最適化」には至らないわけです。

「祈ることさえしなくていい」というのは、「何もしなくていい」ということではありません。ただボーッと待っているだけでは、「引き寄せ」も「最適化」もありません。

もっと簡単に言うと、「最適化」されると、「自分が次にどうすればいいか」ということが明確にわかっている状態になります。

「あ、いまは寝ていよう」

「あ、いまは起きて行動しよう」

「あ、いま掃除しよう」

「あ、いま、あの人に電話してみよう」

「あ、いま、あそこに行ってみよう」

というように、「今すべきこと」がクリアになっていきます。

「すべきこと」という言い方は、適当ではありません。

「べき」には、「義務」の意味が含まれているからです。

義務ではなく、自分が取るとよい行動というのが、明確に自分でわかるのです。

あとは、そのわかっていることをするだけです。

「やるといいっていうのはわかっているんだけど、面倒なんだよね」というのでは、思いと行動が一致していません。

行動に一致させることで、必要な展開が起きていきます。

たとえば、「あ、あそこに行ってみよう」とピンと来て、つまりメッセージを受けとって、その通りに行動してみると、「こういう人に会いたかったんだよね」という人に出会ったり、「この情報を聞きたかったんだ」という情報をつかむことになったりします。

「自分の感覚にしたがって、行動してみて本当によかった」

そう思えるようになるのです。これこそが、「最適化」です。

自分に思い、願いや望みがあっても、そのために今、何をすればいいのかわからない、ということがあるでしょう。

「情報はどこに行けば得られるか」

それを引き寄せられるのが、「引き寄せの法則」です。

これまでにも、メッセージを受けとっていたことがあったかもしれませんが、行動できなかったことが引き寄せられなかった理由です。

だからといって何でも動けばいいということでもありません。いまは動かないほうがよいと感じて動かなかったことがよい結果につながった、ということもあります。

「行動しないこと」も含んで、いま何をするのかを決めていくことです。

第2章

最適化されていく世界を、誰もが体験できる

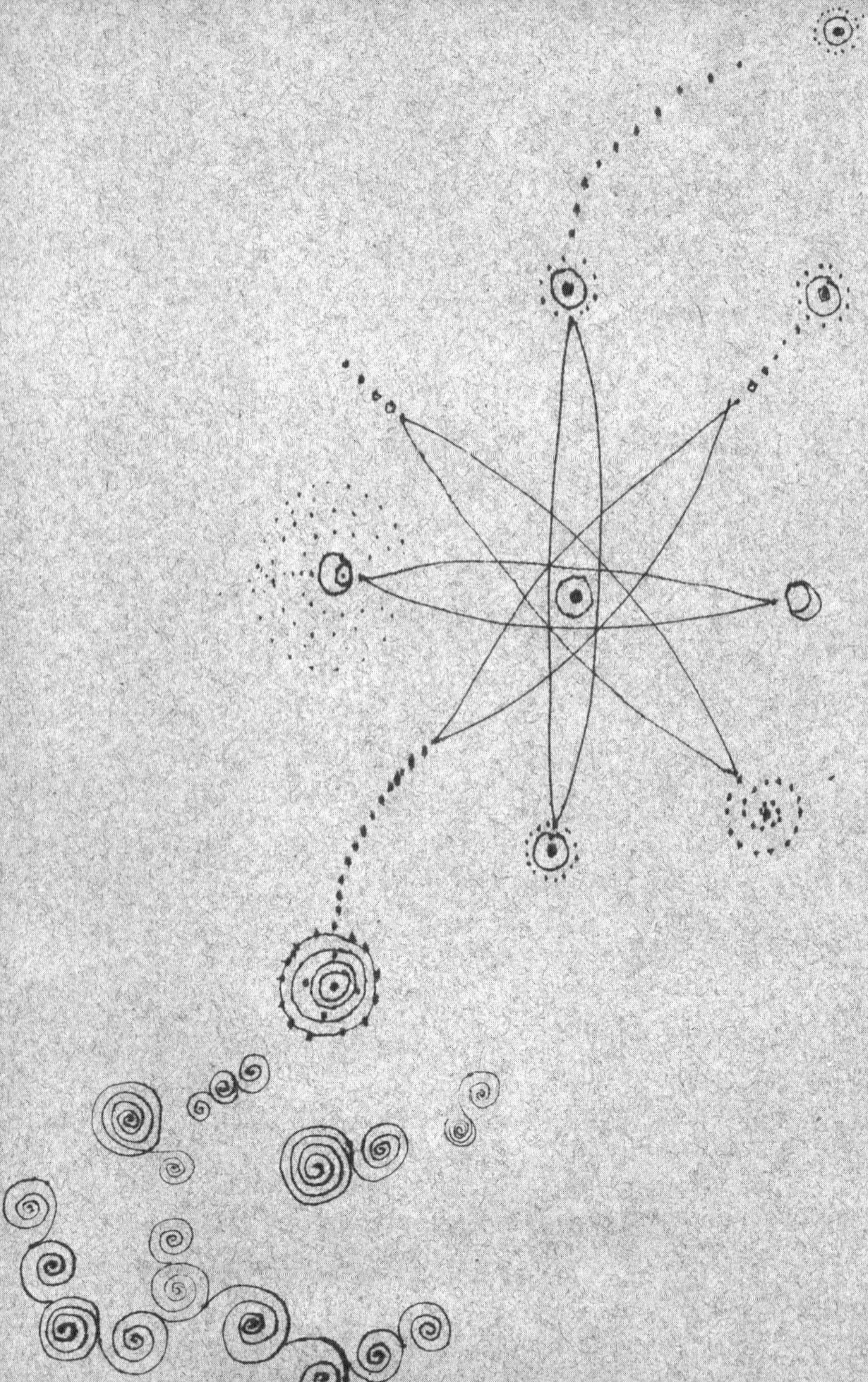

大いなる宇宙の流れに、信頼して身をまかせる

「最適化」とは何か。この章では、それをより深めて、お話ししていきたいと思います。

「最適化」されると、サレンダーすることになります。

「サレンダー（surrender）」は、「降伏《こうふく》」「降参」「権利の放棄《ほうき》」というように訳されます。どちらかといえば、「あきらめて」とか「しかたなく」というニュアンスで使われることが多いでしょう。

けれども、「最適化」で「サレンダーする」というのは、同じ「放棄」であっても、「あきらめる」ということではありません。

「最適化」で「放棄する」というのは、自分のコントロール権を放棄するということです。もう自分でコントロールしようとしない。

「大いなる宇宙」を信頼して、その流れに身をゆだねる。

それが「サレンダー」です。

海や川、プールなどで泳ぐときに、穏やかな水の中で、流れるままに身をまかせる、ということがあると思いますが、まさに、その状態です。

力が抜けていて、心地よく感じています。

どこかに流されてしまうのではないか、という不安もありません。

たとえ流されたとしても、きっと最善の場所に流されることを知っているのです。

サレンダーができていると、最適化されていることも感じとることができます。

そうなると、ますます信頼が深まって、最適化を加速させることになるわけです。つまり、最適化というのは、「満たされた意識」がベースになっていると言えるでしょう。

対して「引き寄せの法則」は、じつは、流れに逆らう動きだったのです。

いまはまだ、手にしていないものを引き寄せようとするわけですから、それだけ力を入れなければなりませんでした。つまりは、「不足の意識」がベースになっています。

最適化では、そうした力が必要ないわけです。

これもまた、「引き寄せの法則」と「最適化」の大きな違いになります。

身をまかせられるのは、目には見えない大いなる存在や力を信頼しているからです。

あるいは、自分自身を信頼しているから、と言うこともできます。

大いなる宇宙の流れがあり、そこには大いなる宇宙の采配《さいはい》がある、としたら、不安を感じることも、心配することも、その必要がありません。それは、自分の魂レベルの願望を、ある意味で自分以上に知っているからです。

「私は、こうしたい」「ああしたい」「自分がやるんだ」というような思いから、手を放《はな》すことができます。

自分でコントロールするのではなく、ただ身をまかせるだけで「最適化」されていく、というわけです。

自分が本当に望んでいたことに気づくチャンス

「引き寄せの法則」では必ず、目標、目的というものが必要だったのですが、「最適化」では、それがいらないのです。

人生は、自分で選んだことの結果です。それは間違いありません。

けれども、そう言われても、何を選んだらいいのかがわからない、という人は多いのではないでしょうか。

流れに身をまかせていると、最適化されていることが、自分でもわかるようになります。

そうなってみて、

「これが最善の形だったんじゃないか」
ということが見えてきます。

「引き寄せの法則」では、目標がなかったり、あるいは、その目標が、本来の自分が望んだものでなかった場合には、引き寄せようにも引き寄せられなかったのです。

けれども、いつも明確な目標を立てられる、というわけでもないでしょう。

いまの状態から脱したいということはわかっていても、では、どういう状態であるのがベストなのか、ということは「よくわからない」。よくわからないから、本来の自分とズレた目標を立ててしまう。それでは「引き寄せの法則」は発動しない。――そんな悪循環《あくじゅんかん》にはまってしまうことも少なくなかったのです。

繰り返しになりますが、「最適化」では、その悪循環の始まりとなる「目標」や「目的」を立てる必要がありません。そんな目標がなくても、ちゃんと最適化された場所にたどり着くことができるのです。

結果として、自分が望んでいたことに気づくことになります。

「ああ、自分は、こういうやり方をしたかったのか」

「自分がしてきたことは、こうなるためだったんだ」

と思えるのです。

自分でも気づかなかった願いや望みが、形として現れるのです。

人は、深いところでは、自分が何を望んでいるかがわかっています。

自分にとって、何が必要なのかを知っているのです。

でも、表面的な自分では、それに気づかないことがあります。

それで、「どうしたらいいのか」「何をしたらいいのか」ということに悩んでいたわけです。最適化されて、ようやく本当の自分に出会えるということがあります。

感謝したくなる出来事があふれていく！

「最適化」に、感謝の気持ちは不可欠です。

それなしに、最適化されることはありません。

いまの時代、感謝を言葉に出す人は多いです。

職場の上司から叱られて、「スミマセン」ではなく、「ありがとうございます」という若い人も少なくないそうです。

もちろん、それは素晴らしいことなのですが、形式的な言葉だけになってしまっていることもあるようです。それでは、いくら「ありがとうございます」と言っても、本当の感謝にはなっていません。

「言っておけばいいんでしょ」という気持ちでは、その人自身が感謝の周波数になっていないので、それでは結局、言っていないのと同じになってしまいます。

中身の伴わない感謝の言葉というのは、感謝の周波数で存在していないので、結局、感謝することは引き寄せられません。

常に感謝の意識というものを持っている人には、「最適化」が働きます。

最適化の意識状態になるわけですが、それはつまり、支配、コントロールを手放すことになります。

ただただ感謝の意識に在る、ということです。そうすると、感謝する、もしくは、感謝したくなる出来事が、まわりにあふれていることに気づくでしょう。

感謝がベースにある。それだけで奇跡的なほどに、喜びに満ち足りた体験に恵まれるのです。

眠りの在り方を終えて、目醒める在り方に変える

これまで、努力することは悪いことではなかったはずです。

「引き寄せの法則」では、少なくとも、願いを叶えるための努力をしてきたでしょう。

ところが、努力や頑張りは、じつは、常に自分から離れて存在する在り方なんです。

僕の視点で言えば、それは「眠り」の世界にいることです。

眠りの時代には、努力したり、一生懸命になったり、というのは、とても大事だったのです。

もちろん、これからも努力することが間違っているというわけではありません。

ただ、いま僕たちは、目を醒ましていくサイクルに入っています。

目を醒ますためには、いままでの在り方を手放す必要があります。

つまり、いままでの眠りの在り方を終えるということです。

そして「最適化」というのは、努力だったり、一生懸命だったりということが必要ない状態です。

なぜならば、ここに自分らしく存在しているだけで、必要なものがすべて、自分のまわりに整っていくからです。

「引き寄せの法則」が悪いわけでも劣っているわけでもありません。

いままでの努力や一生懸命が間違っていたわけでもありません。

でも、それとは違う、新しい別のやり方もあるんだということを知ってほしいのです。

それが「最適化」なんです。

どちらを選びますか？　――ただ、これだけなんです。

意識を変えれば、人生は最適化されていく

「最適化」は誰にでも起こるものです。

誰にでも起こるのですが、それには、最適化の意識状態へと変化する必要があります。

たとえば、不幸を引き寄せているとしか思えないような意識を持っている人がいます。

その人に「誰にでも最適化は起こる」と言っても、

「そんなことが起こるのは特別な人たちで、どうせ私は何も変わらないに決まっている」

と思うのです。

ここで言っておきたいのは、宇宙の法則に例外はないということです。

「この人だけが特別」という人はいません。

もちろん、現実の世界では「特別な人」のように見える人たちがいるでしょう。でも、それは、その人たちが特別に優遇されているのではなく、「意識」が違っていたから、結果として「特別」になっているのです。

「どうせ自分は変わらない」と本当に思っているとしたら、それは、その言葉通りになります。「引き寄せの法則」によって、そういう状態を引き寄せているからです。

「最適化」は誰にでも起こるものですが、それには、そういう意識を、最適化の意識状態に変えていく必要があります。

「どうせ」という言葉には、「あきらめ」や「自暴自棄」の意味があります。自分で自分を放棄して、突き放しています。

「サレンダー」にも「放棄」の意味があるとお話ししましたが、「どうせ」とは、それこそ似て非なるものです。

最適化に大切なのは、自分とのつながりです。

自分を突き放すような意識では、最適化が起こることはないわけです。

また、被害者的な意識の下では、やはり最適化していくことはありません。

何かが起きたとき、あるいは自分の今の境遇から、自分だけがツイていないと思うのは、被害者意識があるからです。

「どうせ自分なんかはダメに決まっている」という考え方は、一見、自分を卑下しているようでも、じつは自分以外のところに責任があると思っているのです。

それではうまくいかないのは言うまでもないことですが、とくに自分を卑下するような意識は、マイナスにしかなりません。

言葉は言霊《ことだま》です。ちょっとした謙遜《けんそん》も、言いすぎれば、いつのまにか、その言葉通りになっていくことがあります。

僕たちは誰もが、一人ひとり完全な存在です。

だからこそ、最適化は、誰にでも起こると言えるのです。

祈りが呪詛《じゅそ》になると、人生を消耗させてしまう

時代は「最適化」に進んで、これからはどんどん人も社会も最適化を実感できることが多くなっていくでしょう。その一方で、まったく最適化されない人たちもいます。人だけでなく、限られたジャンル、分野でも同様なことが言えます。

その差、その違いはどこにあるかと言えば、意識の在り方です。

最適化されていく意識に変えられる人たちは、加速して、人生も変わっていきます。

逆に、いつまでたっても、最適化されないばかりか、逆に人生が消耗してしまう、という人たちの意識として問題なのが、「我を通そうする考え」です。

何かにつけて「自分が」「自分が」と前に出て、まわりの人たちを消耗させます。

自分の思い通りにしようとして、無意識のうちに、支配（コントロール）の意識が働くからです。

前でも少し触れましたが、コントロールしたり、支配したりしようとする動きは、エネルギーを非常に消費するものです。自分の思う通りにするというのは、じつは、とても疲れることだったのです。

結局は、

「こうでなければダメ」

「こうじゃないと幸せではない」

「こうじゃないと豊かとは言えない」

というように、自分でも知らないうちに、勝手に、条件や制限をつけてしまうからです。

たとえば、

「彼氏は背が高くて、イケメンで、お金持ちでないといけない」

と思えば、そういう人を引き寄せるために、強くそれを願うわけです。

そうなると、「願い」は「祈り」となり、それが執着になってしまう場合には「呪詛」になってしまうこともあります。

まるで泥沼にはまっていく人のように、どんどん深みにはまり込んで、人生そのものを消耗させてしまうのです。

思い通りにするというのは、我を通すことです。

それが「呪詛」になるんです。

「呪詛」とは、相手に災いが及ぶようにと祈る、呪《のろ》いのことです。

「祈り」も「引き寄せ」も、「呪詛」に変わることがあるというのは、そこに「我を通したい」という念が入り込むからです。

「絶対に彼じゃないとダメ」「自分なら引き寄せられる」と思うことで、念を飛ばすことになります。そうなれば、まさに「呪詛」以外の何物でもないとなるわけです。

郵便はがき

162-0816

恐れ入ります
切手を
お貼りください

東京都新宿区白銀町1番13号

きずな出版 編集部 行

フリガナ

お名前　　男性／女性　未婚／既婚

(〒　　-　　)
ご住所

ご職業

年齢　10代　20代　30代　40代　50代　60代　70代～

E-mail

※きずな出版からのお知らせをご希望の方は是非ご記入ください。

愛読者カード

ご購読ありがとうございます。今後の出版企画の参考とさせていただきますので、アンケートにご協力をお願いいたします（きずな出版サイトでも受付中です）。

[1] ご購入いただいた本のタイトル

[2] この本をどこでお知りになりましたか？

1. 書店の店頭　　2. 紹介記事（媒体名：　　　　　　　　　　　　　　　　　　）

3. 広告（新聞／雑誌／インターネット：媒体名　　　　　　　　　　　　　　　　）

4. 友人・知人からの勧め　　5.その他（　　　　　　　　　　　　　　　　　　　）

[3] どちらの書店でお買い求めいただきましたか？

[4] ご購入いただいた動機をお聞かせください。

1. 著者が好きだから　　2. タイトルに惹かれたから

3. 装丁がよかったから　　4. 興味のある内容だから

5. 友人・知人に勧められたから

6. 広告を見て気になったから

（新聞／雑誌／インターネット：媒体名　　　　　　　　　　　　　　　　　　　）

[5] 最近、読んでおもしろかった本をお聞かせください。

[6] 今後、読んでみたい本の著者やテーマがあればお聞かせください。

[7] 本書をお読みになったご意見、ご感想をお聞かせください。

（お寄せいただいたご感想は、新聞広告や紹介記事等で使わせていただく場合がございます）

ご協力ありがとうございました。

きずな出版　　URL http://www.kizuna-pub.jp　　E-mail 39@kizuna-pub.jp

発信したエネルギーが自分に返ってくる

「引き寄せの法則」の意識で、いちばん恐ろしいのが、「願い」が「祈り」となり、それが一歩間違うと、呪詛になることです。

自分では、そんなつもりはまったくないかもしれませんが、前の項でもお話ししたように、思わず「念」が入り、そこに「引き寄せ」の力が加わって、「呪い」を生んでしまうのです。

人を呪わば穴二つ。他人を呪い殺せば、自分もまた、相手の恨みの報《むく》いを受けて殺される、という意味です。つまり墓穴が、相手と自分の二つ分必要になるということです。

呪うことで、カルマ（業《ごう》）をつくります。

「カルマ」は「行為」という意味で、悪いカルマを現世で残せば、来世にも悪い影響を与えることになります。

そういう、自分に跳《は》ね返《かえ》ってくるものをつくり出すことになります。

なぜならば、

「与えたものを体験する」

「発信したものを受けとる」

というのが、「宇宙の法則」だからです。

自分から呪詛的なエネルギーを発信すれば、それはそのまま返ってくることになります。

「呪われた人生」を体験することになるのです。

何かタイミングがズレることが多くなったり、うまくいくことが、ほぼ決まっていたようなことが土壇場《どたんば》でダメになったりします。

「どうして、こんなことになってしまったんだろう」と思うことが、続いて起こるようになります。

自分では呪ったつもりはないので、「呪われた人生」に気づかない人も多いかもしれませんが、もともとは自分のエゴがそれを引き起こすのです。

わかりやすい例で言うと、一時的に有名になったものの、ちょっとしたことがきっかけとなって、とつぜん転落してしまうような人がいます。

そういう人は、人気がワーッと出てきたときに、自分の力を過信して、欲の部分が増大してしまうということがあるようです。

自分の力を信じることは悪いことではありません。

むしろ、力は誰にでもあるものだから、それは信じたほうがいいと言ってもいいほどです。でも、自分だけに力があると思うと、少しズレていくのかもしれません。

お金や権力を得ることで、エゴや自我というものが、ムクムクと頭をもたげるのです。

「こんなに簡単に自分の思い通りになるなんて！」

「自分がこう言えば、あの人は言うことを聞いてくれる」

「もう思うがままにいけるな」

というふうな気持ちが、肥大していってしまうことがあります。

そして、これが、自分でも気づかないうちに呪詛になったりするわけです
相手を思い通りに動かそうとしたら――それが人をコントロールするということですが、それが呪詛となり、自分に跳ね返って、急に転落するような末路《まつろ》をたどる。そういうことが実際に起こっていくわけです。

これは有名人だけに限ったことではありません。

たとえば自分よりも目下の人に対して、威張《いば》ったり、横柄《おうへい》な態度をとる人がいます。

なぜ、そんな態度になるかと言えば、感謝の気持ちがなくなるからとも言えるでしょう。

もともとは感謝していたことが、いつのまにか当たり前になってしまう。それが、転落の始まりになるのは、じつは「宇宙の法則」によるものだということです。

人は残念ながら、感謝していたことが当たり前になると、それでは足りずに、もっともっとと自分のわがままな思いを押しつけるようになってしまいがちだからです。

「最適化」のベースは魂にある

エゴや自我というのは、「コントロール欲求」「支配欲求」として見てみると、とても強いものなのです。

強い力があるので、どちらも手放していく必要があります。

それをしないと、サレンダーできないからです。

逆に言えば、「支配欲」というものを手放して生きている人は、必然的に最適化へと導かれていきます。

「とくに意識していないのに、最適化されている気がする」

というような在り方がナチュラルにできあがっていくのです。

そして、自然に最適化されている人というのは、自分のことを運がいい、と思っていることが多いようです。

それはまさにその通りなのです。

運こそ、自分で引き寄せるものだと思っている人が多いかもしれません。でも、「引き寄せの法則」で、運を引き寄せようとしても、じつは案外うまくいかないものです。

大いなる宇宙の流れがあり、そこには大いなる宇宙の采配がある、という話を前でしましたが、それに身をまかせることが、運を開いていく道なのです。

つまり、必要なタイミングで必要なものが自然に現れるという最適化が起きていくので、結果として、運もよくなるというわけです。

「最適化」は、努力して起こそうとするものではありません。

なぜなら、「宇宙の法則」というのは、厳然たる真実として、いつもそこに存在しているので、ただそれに気づくだけでよいからです。

つまり、「引き寄せの法則」を使ったときに、僕は疲れてしまったという話をしましたが、その疲れてしまうことが、いま、お話ししたことと関わっているのです。

「引き寄せの法則」がうまく働き、自分の思い通りになっているにもかかわらず、疲れてしまったのは、なぜなのか。それを考えたのです。

「思い通り」というのは、「自我」の働き、自分の思い通りにコントロールしようという動きです。

けれども、考えてみたら、自分で思い通りにしようとしなくても、最適化の状態になっていれば、本当の意味で思い通りになるのです。

その「思い通り」というのは、「引き寄せの法則」の場合には、「自我」または「エゴ」、そして「ない、という不足の意識」がベースになっています。

でも「最適化」の場合には、そのベースは「魂」なんです。「ハイヤーセルフ」と言ってもいいでしょう。「大いなるサムシンググレート」という人もいるかもしれません。だから、その意識は「常に満たされている」わけです。

最適化のベースが自分の本質の部分にあるというのが、「引き寄せの法則」との、もっとも大きな違いと言えるかもしれません。

第3章

「本来の自分」を取り戻して存在する

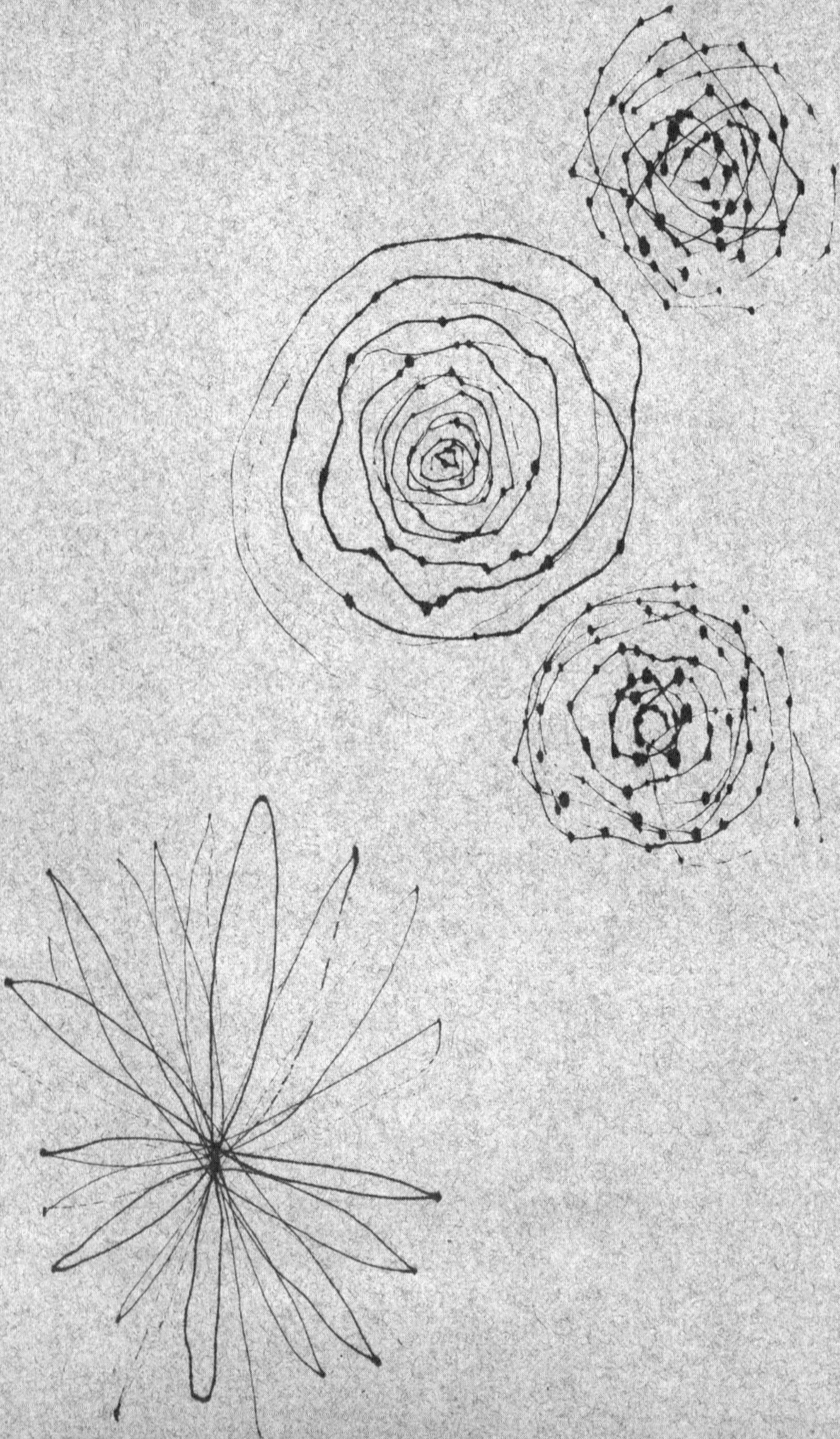

自分は何をしたいのかが、わからなくなるとき

「あなたの夢は何ですか?」

と聞かれて、居たたまれない気持ちになったことはありませんか?

自分の夢を聞かれて、スラスラ答えられる人は、案外少ないものです。

20代で、学校を出たばかりという人ならまだしも、40代、50代になって、夢を聞かれても、どう答えていいか躊躇《ちゅうちょ》してしまうことがあります。

夢なんてない、というのは、あまりにも自分がつまらない人間のように感じてしまうところもあります。

「引き寄せの法則」の時代は、夢ありきの時代で、それを明確に答えなければいけないようなところがありました。明確に答えられないから、あなたの人生はダメなんだと言われるような時代だったのです。

いまだに、夢がないこと、目標がないことを悪いことのように感じてしまう人は、少なからずいるようです。

夢のない自分には価値がない、と思ってしまうのです。

それで、なんとか夢をひねりだすわけですが、そうなると、この本でも繰り返しお話ししてきたように、本来の自分のものとは違う「夢」を語ってしまうこともあるかもしれません。

そしてなんとか「自分の夢」を想定して、器用な人は、それをうまくコントロールして、引き寄せることができたりもしたのです。

でも、ここには落とし穴があって、いったんは「引き寄せの法則」を使って、引き寄せることができたとしても、本当の自分からはズレているので、何を手に入れても、それで満たされることがないのです。

前にもお話ししたことですが、自分以外の人の夢を実現しても、本当の意味で満足することはないのです。

たとえ望み通りのお金を得たとしても、最高のパートナーと結婚できたとしても、家や車を手に入れられたとしても、一瞬は満たされたような気になっても、すぐに、それでは満足できず、もっともっと、それ以上のものを引き寄せなければと思うのです。

なぜ、そうなってしまうかといえば、自分の中が空虚《くうきょ》だからです。

なぜ、空虚なのかと言えば、もとの自分からズレているからです。

自分と一致していれば、隙間《すきま》がないわけですから満ち満ちています。

いま、ここにいる自分にOKが出せるのです。

でも、そうなると最適化のゾーンに入り始めます。

そして、

「あ、こんなのもいいな」

「こんなこともできるかも」

「こうなったら最高だな」

と、ふと思ったり感じたりしたことが簡単に自然な形で起きてきます。

つまり、それができる条件がそろったり、それをサポートしてくれる人との出会いがあったり、「そんなことはできるはずがない」ということができてしまったりするのです。

「引き寄せの法則」では、「ない、という不足の意識」がベースになっていたので、何を引き寄せても、結局は満足することはないのですが、ハイヤーセルフというすべてとつながった意識、つまり「ある、という満たされた意識」をベースにした「最適化」は、そこから何が生み出されても、必然的に満足してしまう、というわけです。

ありのままの自分と一致して生きる

本来の自分で、ただ存在していれば、最適化は自然に起きていきます。

「本来の自分」とは、「ありのままの自分」と言い換えることができます。

ただ、その自分と一致して存在していれば、すべてうまくいくのです。

ところが「引き寄せの法則」では、そうはいきません。

繰り返しお話ししているように、本来の自分からズレてしまうからです。

「引き寄せる」というのは、本来の自分でいれば勝手に起きることなのに、そうはならないから、必要以上に動かなければならなくなるわけです。

すると本来の自分と一致するどころか、さらにズレていくのが「引き寄せの法則」だということもできるのです。

そのために、余計な力を使います。

ちょっと何かを取りに行くというのも、動かなくてもいい場合と比べれば、力の使い方としてはロスになります。

ここにいれば勝手に形づくられていくというものを、わざわざ取りに行かなければならないわけですから、動きも力の使い方も違うわけです。

「最適化」は、「リラックスして、ただ、ここにいればいいんですよ」という在り方です。それだけで必要なことが全部起きていくんです。

会いたい人に、会いたいと思っているだけで、会えるようになります。

「引き寄せの法則」では、意識的に「会いたい」「会いたい」「会いたい」と思って、そのためにさまざまな工夫をする必要がありました。でも、満たされた意識で存在し、思っているだけで、そうなれる条件ができてしまう。それが「最適化」です。

YOSHIKAZU NAMIKI
MESSAGE FOR YOU
https://www.kizuna-pub.jp/saitekika_gift/

並木 良和（なみき・よしかず）

幼少期よりサイキック能力（霊能力）を自覚し、高校入学と同時に霊能力者に師事、整体師として働いたのち、本格的にスピリチュアル（霊魂、精神）カウンセラーとして独立。
現在は、人種、宗教、男女の垣根を越えて、高次の叡智につながり宇宙の真理や本質である「愛と調和」を世界中に広めるニューリーダーとして、ワークショップ、スクール、講演会の開催等活発な活動を通じて、世界中で1万人以上のクライアントに支持されている。

著書に『だいじょうぶ　ちゃんと乗り越えていける』、本田健氏との共著『風の時代を幸せに生き抜く方法』（きずな出版）『ほら起きて！目醒まし時計が鳴ってるよ』（風雲舎）『目醒めへのパスポート』『目醒めのレッスン29』（ビオ・マガジン）『みんな誰もが神様だった』（青林堂）他があり、いずれもベストセラーとなっている。

執筆活動と同時にラジオやオンラインなど、さまざまな媒体で活躍の場を広げている。

公式ホームページ
https://namikiyoshikazu.com

誰ともつながっていない人などいない

「風の時代」に入って、人とのつながり、横とのつながりが、これまで以上に大事になります。

風の星座は、コミュニケーションに長《た》けています。大小さまざまなコミュニティがすでに生まれて、個人にとっての大切な活動の場になっています。そこで、「つながり」が大事にされ、また大事になっていきます。

「本来の自分として、ここに存在すること」はとても大事なことですが、「誰かとともに、その自分の在り方で、ここに存在すること」も、同じように大事です。

人は一人では生きられない。宇宙とのつながりを考えるだけでも、誰ともつながっていない人などいない、ということがわかります。

けれども、時に人は、自分は誰ともつながらない、孤独な存在だと決めつけてしまうことがあります。現実が厳しい状況で、八方ふさがりのような気持ちになっているときには、陥りがちな考え方です。

そういうときには、ただ存在しているだけでいいと言われても、その言葉を信じられません。

むしろ、存在しているだけで迷惑なのではないか、と考えてしまう人もいるほどです。

だからこそ、そんなときこそ、存在しているだけでいい、と考えることは大切です。

決して「自分」は一人じゃないことを思い出すのです。

望みや夢を持たなければならないと考えてしまうと、焦《あせ》ったり、不安になったり、ふさぎ込んだりしてしまいます。

ところが最適化では、その必要がないわけです。

自分で夢や目標を設定しなくても、自然に、自分にとって最善のことが、いちばんいいと思われる形で叶うようになるのです。

ふさぎ込んでいる今は、そうなっているとは信じられないかもしれません。

でも、たとえば病気になったとしても、あとで必要になる経験であることもあるわけです。

大事なのは、「自分自身」とともにいること。

自分自身と一致して存在する。

リラックスして、そこに存在するだけ。

これで、必要なことはすべて、形になっていきます。

本当のあなたの、魂レベルの望みというのは、確実に、あなたのまわりに展開していくことになる、ということを伝えたいのです。

文句を言い続ける人生は、お終《しま》いにする

本当の自分として、ここに存在していればいい——。

それがわかっていても、それができないのが「いま」なのかもしれません。

2年近く続いているコロナ禍の影響は大きいと思いますが、それに伴った環境の変化で、不調を訴える人たちが増えていることを実感します。

医療の問題、経済的な問題などなどが、個人の生活にも入り込んで、厳しい状況にさらされているということもありますが、それ以上によくないと思うのが、そうしたことによって世の中が、批判ばっかりになっていることです。

「ああしたほうがよかった」「こうしたほうがよかった」というのは、あとからなら、誰でも、いくらでも言えることです。

なにか問題が起きたときに、誰かのせいにするのは簡単ですが、でも、それでは何も変わっていきません。少なくとも、それで自分自身を救うことはできないでしょう。

要するに、自分の人生に責任をとることが欠如《けつじょ》しているのです。

前の章でお話ししたように、僕たちは、この人生を選んで生まれてきました。

スピリチュアル的な視点で言えば、いまさら、この時代やこの事態に文句を言えた義理ではないわけです。

自分の人生に責任をとる、ということをしなければ、本当の自分を生きることができません。それさえ意識できたら、最適化につながるのですが、それをさせないんです。

人のせい、国のせいにして、自分は責任をとらない。

自分の責任を放棄するというのは、本来の自分からズレた在り方です。

この状態では、決して人生はうまくいきません。

そのまま、常に文句を言い続ける人生の流れに突入します。

誰かのせいにするというのは、言い方を換えれば、「あの人のせいで、こんな思いをさせられている」ということです。

つまりは、「あの人」に支配されているわけです。

あなたは、まだ支配されて生きていきますか？

自分に責任をとるということは、自分で采配していくことです。

それができれば、支配から抜けることができます。

自分に力を取り戻せるのです。

誰かのせいと言った瞬間に、その誰かや何かに自分のパワーを預けることになります。

だから、ますます力不足になって、自分の人生を動かすことができなくなります。

そうなると、文句を言うだけの世界に戻るしかありません。支配される人生を生きるしかなくなってしまうのです。

人を責めているうちは世界は変わらない

自分と一致していることは大切ですが、ときには、「今日はちょっとズレていたかな」と思うような日もあるでしょう。

そんな日は、ズレても戻ればいいんです。

「ズレたな」ということにちゃんと気づいて、また自分に一致する形に戻れれば、それでOKです。

それに、自分のズレに気づけるだけでも、それだけ客観的に自分を見ているということです。そういう意識があれば、戻れます。ズレているのが当たり前になっていると、それに気づくことができず、どこまでもズレていくことになるのです。

ズレるとなぜダメなのかといえば、そこに隙間ができて、余計なものが入ってしまうからです。

何かが挟《はさ》まった違和感が消えず、そういう状態が続いてしまうと、だんだん自分というものを感じられなくなります。

「自分がどうしたいのか、わからない」

「どの方向に向かっていいかわからない」

そうなると、人生を生きることへの情熱が持てなくなります。

自分との隙間が大きくなると、それだけ自分と離れることになります。

離れれば離れるほど、その隙間に、不安や恐怖までもが挟まってくるので、ふさぎ込んでいくような人生の流れができてしまうのです。

自分と一致しているときには、そういうものが入り込む隙がないので、常に安定していられます。

「なんだかわからないけど幸せ」を感じられるようになります。

つまり、何が起きていても、起きていなくても、幸せになれるんです。

誰がいてもいなくても、幸せになれるんです。

お金の条件がこうだから豊かだ、というのではなく、お金の条件がどうであっても豊かだと感じられるようになります。

この状態が、最適化のゾーンに入る、ということです。

最適化は、何もしなくても、そうなってしまうものだということをお話ししてきましたが、こんどは、自分から最適化を起こしていく意識になるわけです。

結局のところ、大事なポイントは、どんな自分も責めないことです。

ジャッジしない、ということなんです。

「あ、ズレてたな。戻ろう」という「それぐらいのシンプルさでいいんだよ」ということなんです。

でも、ジャッジしてしまう。

「なんてことしちゃったんだろう、私は」とか「こんな私は、だからダメなんだ」というように、ああでもない、こうでもないと、いろいろをくっつけてジャッジするわけです。

そうすると戻るどころか、ますますズレていきます。

「自分をまるっと認めて、受け入れる」――そう意識すると、スッと自分に戻れるようになります。

ジャッジという在り方が、自分から離れる在り方なんです。

「まったくアイツは、こんなこともできないんだよ」というのは、自分以外に意識を向けているわけです。自分からどんどん意識がズレていく在り方そのものです。

自分と一致している。それがナチュラルにできるようになると、いい意味で人を放っておくことができるようになります。

みんながそれぞれ自分の人生に集中すれば、自分もジャッジしなくなるし、相手もジャッジしなくなる意識ができていきます。

日常の小さなイライラが消えないとき

ジャッジするのはよくないとわかっていても、そばで見ているだけでイライラしてしまうような人に悩まされることがあります。

「どうして、あんなにいいかげんなんだ！」

「どうして、こんなにやることが遅いんだ！」

相手の一挙手一投足《いっきょしゅいっとうそく》が目について、一緒にいることにさえ苦痛を感じてしまったりします。

そういう人が職場の仲間だったり、取引先の相手だと、どうしていいかわからなくなってしまいます。

僕たちが現実に体験しているものは、じつは自分の内側の投影なのだといわれています。たとえば対人関係でイライラしたりする、というのは、相手の中に自分を投影するところがあるからです。

宇宙は自分の映し鏡《うつかがみ》。だから自分が反映されているだけなんだと、スピリチュアルの世界ではいわれています。

相手のいいかげんさに腹が立つのは、自分にも、いいかげんなところがあるからです。自分に、その部分があるからこそ、それが目につくのです。

自分にそういう部分がまったくないのであれば、相手のそれに気づくこともなければ、イライラすることもないでしょう。

それを、相手に対してジャッジするというのは、自分の内側にあるものを外に投影しているだけなのです。

誰かに対してイライラするときには、このシンプルなしくみに気づくことです。

「自分にも、そういうところがあるのかもしれない」と考えてみるのです。

そうすると、フォーカスの対象が、相手から自分に移ることになります。

外に向いていた意識のベクトルが、自分に向けられるわけです。

外に向いていれば、その相手を責めることになります。

自分の内に向けば、内省のきっかけになります。

外に向けるのが悪いというわけではありません。また、自分に向けるのがよいというわけでもありません。

イライラは理屈ではないでしょう。

イライラしている自分に、イライラするということもあります。

大事なのは、イライラをできるだけ重くさせないことです。

相手に対しても、自分に対しても、責めすぎないことです。

「そういうこともある」と受けとめるだけでも、少し、気持ちがラクになるかもしれません。

心の声に耳を傾けて、サインに気づく

いつも元気で一緒に仕事をしていたのに、急に会社に来られなくなった――そういう人が、あなたのまわりにもいませんか？

うつになったり、からだに不調が出て入院したり。あなた自身が、そういう状態になったということもあるかもしれません。その事態に、周囲の人も、もしかしたら本人自身も、びっくりしたかもしれませんが、スピリチュアルの視点から見れば、そのサインは必ずあったはずです。

日頃から、そのサインに気づけるようにしておくことが大切です。

逆に、なぜサインに気づけなかったかといえば、自分の心の声に耳を傾けなかったからだということが言えます。

たとえば、「ちょっとここは力を抜いたほうがいいよ」とか、「少し休んだほうがいいよ」とか、「人にまかせたほうがいいよ」「人に助けを求めたほうがいいよ」という声が聞こえていたはずです。

その声に耳を傾けることができれば、いまよりも悪くない状態で抑えられたかもしれません。でも、人生で起きることは、すべて経験です。それをするのには意味があったということもあるわけです。

だから、どんな事態も重く捉えすぎないことも、じつは大事なポイントです。

あなたの身近に、何かで困っている人がいるとき、どんなふうに声をかけてあげるのがいいのか、どんなサポートができるのか、ということを考えてみましょう。

たとえば、

「こうすると、もっといいんじゃないかなって、私は感じるよ」

「こういうやり方をしたら、もっとうまくいくんじゃないかなって私は思うんだよね」

というようなことを言ってあげるのはよいと思います。

ただ、その人をサポートしてあげるという意味での、いちばんのバックアップになる在り方としては、その人は100の力がある「完全な意識なんだ」というところから、自分の意識をそらさないことです。

目の前の人を「困っている人」「ふさぎ込んでいる人」「大変な目にあっている人」という見方をしてしまうと、その意識を、さらに強めてしまうということがあるのです。

僕たちの意識というのは、その意識の焦点をあてたもの（たとえば、ある出来事であったり、人であったり）が「拡大する」という作用があるのです。

だから、その人をネガティブに、たとえば「かわいそうな人」として見て、思いを向けてしまうと、その人を、もっとかわいそうな人に仕立て上げていくのです。

本人を慰《なぐさ》めているつもりが、意識の働き方からすると、じつは死化粧を塗るようなものになっているのです。

その人に対して、何を言ってあげてもいいのですが、「この人は100の力がある完全な意識（存在）」である、ということだけは忘れないことです。

もしかしたら、あなたはその人に対して「かわいそう」と思っているかもしれませんが、意識レベルで言えば、かわいそうでも何でもないのです。

その人は、いまは大変そうな状態を選んで、今それを体験しているわけで、その選択を変えさえすれば、いつでもそこから抜けられるんだという信頼で見守る。それが、あなたがその人にしてあげられる唯一のことといっても過言ではありません。

そうして見守ることで、その人が変わっていく余地をつくるんです。

いままでの常識というものから見たら、「え〜？」と思うのは自然なことですが、その人が本当にしたいことは何だろう、と考えることです。

立ち止まってみることが必要なときもある

仕事はつらいものだという人もいれば、仕事ほど面白いものはないという人もいます。

僕自身は後者で、仕事であっても、仕事と思っていないところがあります。

そういう自分の今の状況は本当に有《あ》り難《がた》いことだと思っています。

だから、どんなに忙しくても、やることがいっぱいあるなと思うことはあっても、それだから大変だという意識はありません。基本は、やりたいことをやっているので、仕事をしないといけない、という動きでもなくなっています。

ただやりたいことをやっている。でも、そうしたら、量的には増えています。ときには、量的に増えたことを、ちょっと大変だと思うことがないといえば嘘になります。

次から次にやらなければならないものが、目白押しみたいになるとき、からだは今のところ物理的には一つで、まだバイロケーションできないので、どうしても一人でやるしかないということがあります。

「バイロケーション」というのは、複数の場所に同時に存在できる能力です。それができるようになると、人生を何倍も楽しめるようになるかもしれませんね。

けれども、いまの地球の波動では、まだ、難しいと言わざるをえません。

そうであれば、生身の人間としての負担というのは、誰にも、絶対にあるわけです。

でも、自分と一致して存在していると、それほど疲れることはありません。いまは、休息したほうがいいよ、というサインにもすぐに気づけるからです。

自分に無理をして体調を崩してしまうような人は、この休むことを、いいかげんにしてしまうことが多いように思います。つまり、サインに耳を傾けていないのです。

たとえば寝ないで頑張るタイプですが、どんなにそれが楽しい作業であったとしても、睡眠時間を十分にとらないのは、よくありません。

寝るのは大事です。なぜなら、寝ているあいだに僕たちは肉体から抜けて、いろいろなことをしているからです。

「幽体離脱《ゆうたいりだつ》」という言葉を聞いたことがあるかもしれませんが、人は寝ているあいだに、誰もがそれを体験し、心の整理をつけたり、癒やされたり、未来の準備をしたりと、本当にさまざまな体験を、それと知らずにしているものなのです。

そうやってリセットしながら、日々を生きているので、睡眠時間が十分でないと、順調にそのプロセスが行われなくなるため、無理が出てくるわけです。

でも、やることがいっぱいになると、それをなんとか片づけようと焦ってしまうのでしょう。「一日24時間では、とても足りない」と思って、睡眠時間を削《けず》るわけです。気持ちはわかりますが、エネルギー的には、生き急ぐようなことになってしまいます。

しっかり休む、あえて立ち止まる、ということも、本来の自分を生きるためには大切なことです。

第4章

「エネルギーワーク」で環境を整えていこう

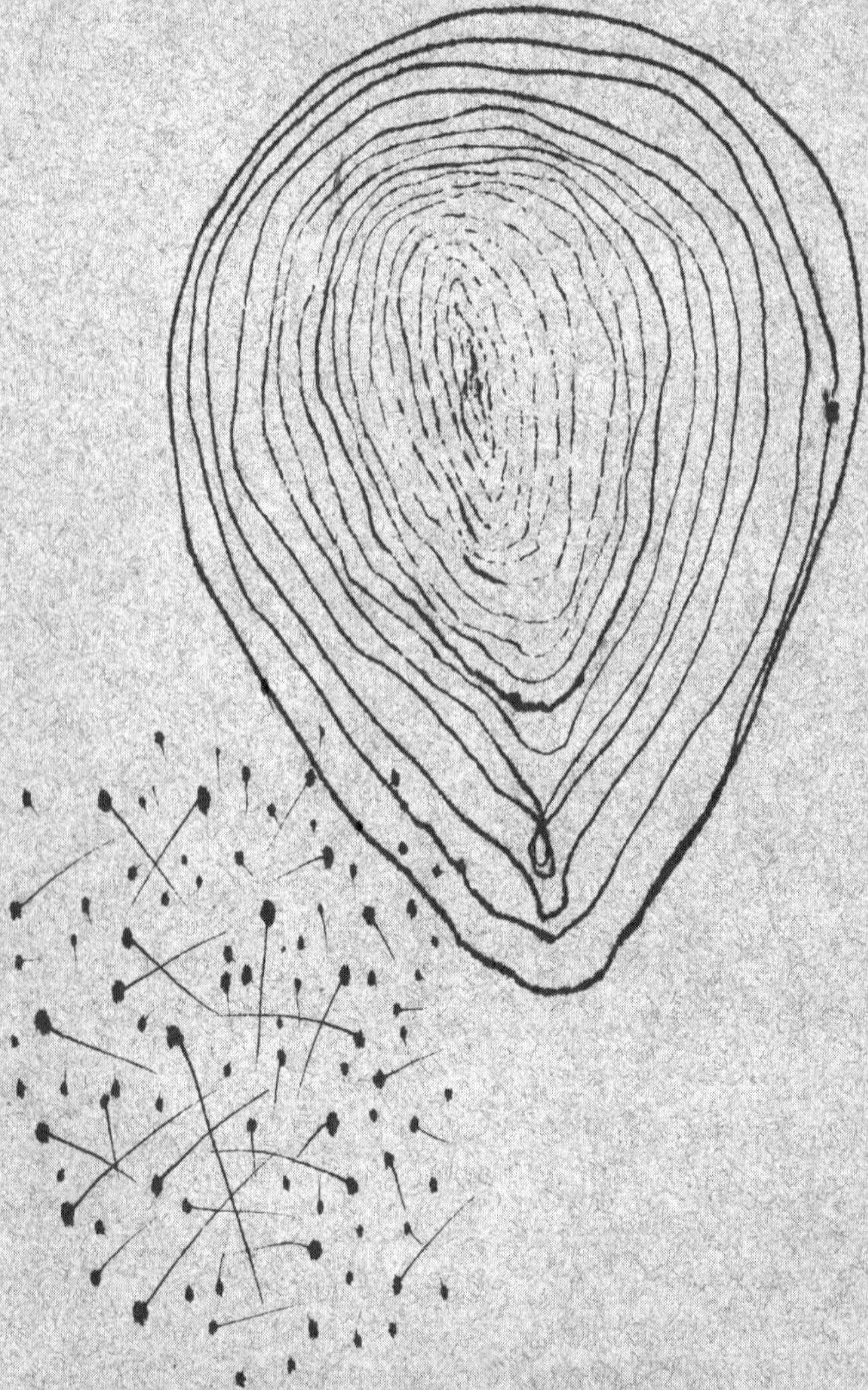

エネルギーの供給がストップしてしまうとき

いま、自死が増えています。

ここに存在していることに、希望も何も見いだせなくなって、自ら命を絶《た》っていく。

そういう人たちがいることを知るとき、あるいは身近な人がそういう状況であることを知って、やりきれない気持ちになることもあるでしょう。

それは他人事ではなく、自分も、そういう状況に陥ってしまったことがある、という人もいるかもしれません。

そんな事態を避けることはできるのか。

まず、「自分につながっているとき」というのは、簡単に言えば、自分のハイヤーセルフ、もしくは「自分の魂」という本質から、情報とともに、常にエネルギーがきれいに流れてきている状態にあります。

このときには、たとえば何か問題が起こったとしても、「どうすればいいか」ということが、問題が起きるとほぼ同時にわかるような意識状態なんです。

その情報が、インスピレーションで降りてきているからです。

「これをどうしたらいいかな？　こうしてみるといいかもしれない」

「これはどうする？　どっちへ行く？　うん、左のほうがいい気がする」

というように、自分で自分の人生を上手に舵取《かじと》りできる状態になっているわけです。

ところが、「自分から離れているとき」というのは、エネルギーの供給もされず、インスピレーションも降りてこない状況に陥っています。

だから、どうしていいかわからなくなってしまうのです。

そうなると、迷いの森に入り込むような状態に陥り、ますます意識に霧がかかって、まわりが見えなくなっていきます。

そうなると、もう四面楚歌《しめんそか》で八方ふさがり。どこにも行けないし、どうしようもない、というところまで追い込まれてしまうのです。

本当は、上を見れば、ぽっかりと空いていることにも気づけるのですが、そのときには見えないのです。

壁に取り囲まれて、視界も意識も狭くなっています。

「顕微鏡《けんびきょう》的な意識」で、現実を眺《なが》めていると、一切《いっさい》の光が閉ざされます。

解決策は何もない、としか考えられなくなり、社会から断絶された世界に逃げ込むしかなくなってしまうのです。

そうして思いあまって、家に閉じこもって、ひきこもりの状態から抜け出せなくなったり、最終的には、自死を選択するという事態になったりということが起きてくるのです。

自分とつながっている、つまり自分と一致していれば、いつも光が照っています。

光が、あなたに降りそそいでいます。

明るい状態で、何も遮《さえぎ》るものがないので、その世界はとてもクリアなんです。

けれども、自分から離れれば離れるほど、その光から、どんどん遠ざかっていくことになります。いつのまにか、暗闇の世界に追い込まれてしまうのです。

あなたは、目隠しをされているだけで、それをはずしさえすれば、すぐに光を取り戻すことができます。

目隠しをはずすには、自分を取り戻すこと。

自分を取り戻すことさえできれば、たちまち光が、あなたに降りそそぎます。

肉体的にも、精神的にも、自分を追い詰めない

外の現実というものが、あまりにも大変で、つらく苦しい状況のときには、どうしても意識が、その外に取られて、自分と向き合うどころではないでしょう。

外のことを対処するのに精一杯になってしまうわけです。

そういう場合、まわりの人たちには、案外、そのつらさが伝わっていないことが多いのです。

本人が精一杯、対処しているために、他の人たちから見れば、つらいどころか、積極的に、そのことに取り組んでいるような印象を与えていることさえあります。

自分では一杯いっぱいなのに、それを外には見せず、いつもと変わらない自分を取《と》り繕《つくろ》ってしまうのです。

完璧主義の人や努力家といわれる人、器用な人ほど、その傾向があります。

その結果、最悪の事態として、肉体的に追い詰められた場合は病気になって亡くなったり、精神的に追い詰められた場合は自死したり、ということがあるのです。

その手前の段階として、とつぜん入院が必要になるような病気になったり、あるいは、うつ状態になったりすることで、仕事に行くことができなくなったりします。

そうなって初めて、まわりはもちろん、本人にも、自分のつらい状況がわかる、ということがあります。

突然の病気は、宇宙からの強制終了です。

肉体的な休息、または自分と向き合う時間が絶対的に必要だとされて、その事態が起こっています。

どうして、そこまで自分を追い込んでしまうのかと言いたくなりますが、そこまで追い込まれないと、頑張ることをやめられない人もいるのです。

そうして入院した知人がいましたが、その女性は「入院してホッとした」と言っていました。自分でも、このままではいけないと感じていながら、自分一人で、厳しい状況をなんとか乗り越えようと無理をしていたのです。

できれば、そうなる前に休息をとること、自分と向き合う時間をつくることが大切です。

自分一人で何とかしようとするのも、よいこととはいえません。

まわりからのサポートが得られるのも「最適化」の一つですが、自分一人でなんとかしようとするのは、それを拒否することにつながります。

宇宙から、強制終了のサインが届いたときには、それに抗《あらが》うことなく、身をゆだねることにしましょう。

いまは、その時間が必要だということです。

自分に集中できる環境で、自分と向き合う

自分の不調に気づくことは、とても大切です。

肉体を持っている限り、疲れたり、不調が出たりするのは、当然のことです。

それを自分はスーパーマンのように、いつもエネルギッシュでいようとすれば無理が出ます。

「最適化」に「無理」は禁物です。

「無理」というのは、道理に合わないこと、行いにくいことという意味ですが、流れに身をまかせるという『最適化』の基本的姿勢とは、対極にあるものといっても過言ではあり

ません。

普通に生活していれば、ときには無理をすることがあるでしょう。それはそれで、やりがいを感じられるということもあるかもしれません。

けれども、無理をしすぎたり、その期間が長くなったりした場合には、それを癒やす時間も必要です。

この本でも繰り返しお話ししてきたように、そのためにできることが、自分を取り戻すことです。

ときには、「ひきこもる」というのも、そのための一つの方法です。

自分一人だけの時間をつくって、そこに閉じこもるのです。

そのとき、自分に集中できる環境を与えてあげるというのも、大切な要素になります。

そうして、自分に問いかけてみてください。

「私は、このままでいいのかな」

「私が本当に生きたい世界に生きているかな」

「自分が望んでいる在り方ができているかな」

自分と向き合う時間がつくれれば、自分と一致することにつながります。

そして自分と一致した途端に、

「あ、こうすればいいんじゃない！」

という解決方法が、ピカーッと光って見えてきます。

そのために、いまの状況から距離をとること、ひきこもることをしてみるのは、ぜひオススメしたいことの一つです。

距離をとるというのは、人とも同じことが言えます。

たとえば、パートナーとうまくいかないとき。相手を見ているだけでイライラして、どうしようもない、というときには、いったん別居という形をとってみるのは悪くありません。

そうして距離を置くことで、自分に集中できる環境を与えるわけです。

エネルギーワークで自分を取り戻す

ここで自分を取り戻すためのエネルギーワークをご紹介しましょう。

エネルギーワークの一つは、僕が「グラウンディング」と呼んでいるものです。もう一つは「センタリング」。どちらも、僕自身が定期的に行っているワークです。

これによって、自分を取り戻し、自分と一致することができます。それだけでなく、地球ともつながって、自分と地球との一体感を得られる、非常にパワフルなエネルギーツールです。

この意識でいると、最適化も起きるようになります。

習慣にすることで、ふさぎ込む世界からも解放されます。

なぜなら、自分が何をすればいいのか、ということが見えてくるからです。

ふさぎ込むのは、自分がもう、どうしていいかわからなくなっているからです。

何もかもが「もうイヤだ」という現状に追い込まれて、耳をふさいでいます。

すべてのことをシャットアウトして、どことも、誰とも、つながっていない世界に、たった一人で立ちすくんでいる。それが「ふさぎ込む世界」です。

ワークによって、自分自身とつながり、地球とつながれば、その世界が変わっていきます。

グラウンディングして、センタリングができるようになると、光が降りそそぎ、エネルギーもちゃんと供給されるようになります。インスピレーションや情報も、宇宙から届くようになります。

そう、自分とつながり、地球とつながると、宇宙ともつながるのです。

「私は、ここにいる。

ここで、こうしていればいい。

こうすればいい」

ということがわかるようになります。

次に何をしたらいいのか、ということがわかれば、あとは行動をそれに一致させることが大事だというのは、前でもお話しした通りです。

その段階になると、ふさぎ込んで、暗闇だと思っていた世界が急に開けていく。そんな感覚を持てるようになります。

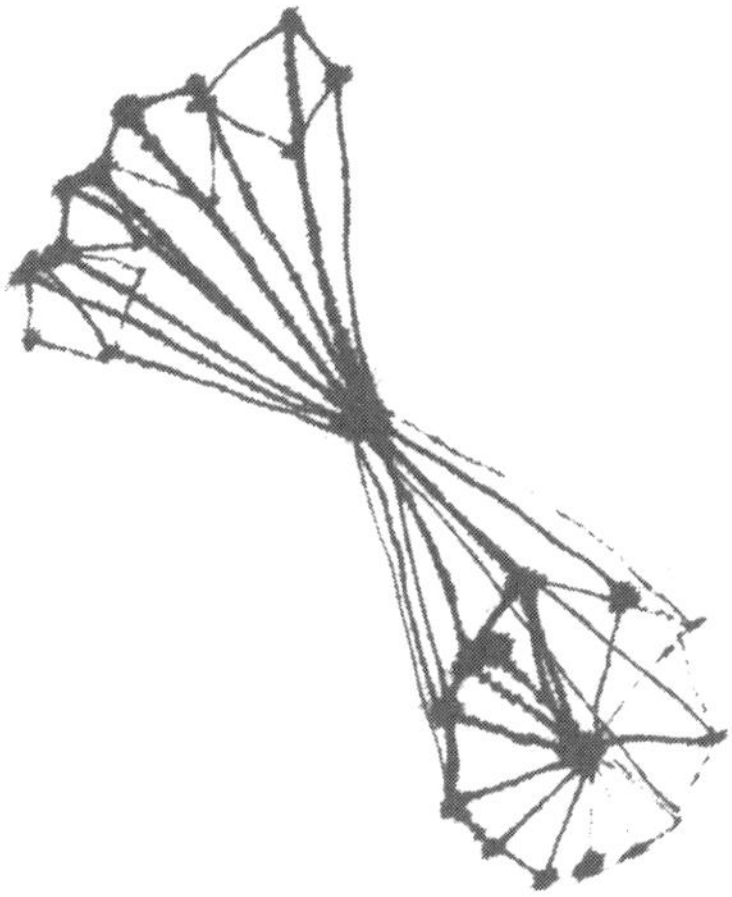

「グラウンディング」で地球とつながる

エネルギーワークの「グラウンディング」と「センタリング」は、誰でも簡単にできるワークです。どちらも、「イメージ（心象）」を使うので、「イメージワーク」と言うこともあります。

それぞれ、いろいろな方法がありますが、まずは「グラウンディング」から、その基本的なものをお伝えします。

それでは「グラウンディング」を始めていきましょう。

まずは、椅子状のものに座って、必ず両足の裏を地面、もしくは床につけておきます。

これが基本のファースト・スタイルになります。

両手は軽く、組んでおきます。

手を組むことによって、エネルギーがからだ全体に循環します。

次に、あごを引いて、背筋を自然に伸ばします。

目は軽く閉じてください。

目を閉じて、外界の光や景色といった情報を遮断《しゃだん》することで、自分に集中しやすくなります。

深呼吸をしながら姿勢を整え、リラックスするようにしてください。

背骨の基底部（尾《び》てい骨《こつ》のあたり）に意識を向けながら、深呼吸を続けます。

少しずつ、気持ちが落ち着いてくるでしょう。

ここで意識する「尾てい骨のあたり」というのは、チャクラで言えば「第1チャクラ」になります。

エネルギーワーク

◎グラウンディング

1【ファースト・スタイル】

①椅子に座って、両足の裏を地面または床につける

2【ベーシック・スタイル】

②両手を軽く組んで、あごを引き、背筋を伸ばす

③目を軽く閉じる

3【プラクティカル・ワーク】

④背骨の基底部（尾てい骨のあたり）に意識を向けて、深呼吸を続ける

4【イメージ・ワーク】

⑤背骨の基底部（尾てい骨のあたり）に「エネルギーボール（ソフトボール大の光の

球）」をイメージする

⑥エネルギーボールにある光のコードをイメージして、地球の中心まで、そのコードを降ろしていく

⑦コードと地球の中心をつなげることで、自分と地球がエネルギーレベルでつながる

⑧自分の中のネガティブなエネルギーを「真っ黒な煙」としてイメージして、コードを伝って、地球の中心まで流す

⑨「真っ黒な煙」は「真っ白な光」に浄化されて、またコードを伝って、からだ全体に満たすように戻す

⑩このイメージを数回繰り返して、光でからだが満ちたら完了

「チャクラ」というのは、サンスクリット語で「円」や「円盤」「車輪」の意味で、気やエネルギーが出入りする「エネルギーセンター」のことです。

僕たちのからだには、7つのエネルギーセンターが存在していると言われています。そのエネルギーセンターがチャクラであり、次の7つになります。

◎7つのチャクラ

第1チャクラ――生殖器と肛門の間、会陰部にあり、「根」を支える
第2チャクラ――丹田（ヘソの下10センチあたり）にあり、セクシャリティに関連する
第3チャクラ――ヘソとみぞおちの間にあり、自分の内面とつながる
第4チャクラ――両胸の間にあり、別名「ハートチャクラ」。外とつながる
第5チャクラ――喉仏の下にあり、ネガティブエネルギーの同調を避ける
第6チャクラ――眉間の間にあり、「第3の目」といわれ、本質を見抜く

第7チャクラ――頭の頂点にあり、最も高次なスピリチュアルとつながる

「グラウンディング」するためには、第1チャクラを活性化させることが大切です。

そこに意識を向けながら、しばらく呼吸したら、こんどは、次の「イメージ・ワーク」を行います。

ソフトボールぐらいの大きさの光の球を、尾てい骨あたりにイメージします。

尾てい骨のあたりが、光っているようにイメージするのです。その光が、ソフトボールくらいの大きさになります。

この光の球は、最初はボヤッとしていますが、イメージ・ワークを続けて、集中して意識を向けていると、だんだんと形がしっかりしてきます。この光の球を「エネルギーボール」と言います。

さらに、イメージを続けていきましょう。

エネルギーボールには、光のコードがついています。

このコードを、地球の中心に向かって、伸ばしていきましょう。

コードは椅子を突き抜けて、床を突き抜けて、地面も突き抜けて、まっすぐまっすぐ、地球の中心に向かって伸びていきます。

実際には地表から地球の中心までは、およそ6400キロありますが、イメージでは一瞬にして、その中心に到達します。

地球の中心まで光のコードを降ろすことができたら、地球とコードをつなげます。つなげ方は自由です。コンセントのようにカチッと差し込むのでもいいし、吸盤でペタッとくっつけるのでも構いません。コードの先を地球の中心にグルグルッと巻きつけてもいいでしょう。

とにかく、地球の中心とコードがつながればいいのです。これで、自分と地球がエネルギーレベルでつながることになります。

コードをつないだら、自分のからだに意識を向けます。

からだの中には、たとえば緊張だったり、疲労だったり、ネガティブな感情だったり、といったネガティブなエネルギーを抱えています。日々の生活の中で、どんな人にもたまっていくものです。

それが真っ黒い煙が充満している、とイメージして、息を吐きながら、コードを伝って地球の中心まで流してあげましょう。

地球の中心というのは、とても高い波動で保たれているので、どんなネガティブなエネルギーも浄化させることができます。

浄化されたエネルギーは、真っ黒い煙から真っ白な光に変わって、コードを伝って、あなたに戻ってくるとイメージします。

尾てい骨から入ってきた真っ白な光は、からだに満ちていきます。

このイメージを数回、繰り返します。

からだが光で満ちたと感じたら、グラウンディングは完了です。

地球とつながると、宇宙の高次元ともつながる

エネルギーワークは、毎日、朝と夜にやるのがオススメです。

朝起きたときにやると、目覚めがすっきりします。

夜寝る前にやると、その日の疲れがきれいに取れていきます。

グラウンディングをしてコードがつながっていると、浄化とエネルギーチャージの循環が自動的に起きるようになります。

たとえ緊張や疲労、ネガティブな感情が発生しても、光のコードと地球がつながれた状態であれば、そこから、きれいに流れていって、クリアなエネルギーになって戻ってきま

す。だから、疲れづらくなります。

直感力が非常に増してくる、ということもあります。

アンカーがしっかりされると、アンテナがグーッと上に立つわけです。

そして、「ハイヤーセルフ」という高い次元の自分から、情報やメッセージを受けとることが直感的にできるようになります。「どうすればいいかな」と自分に問いかけると、「あ、こうすればいいのか」ということがわかるようになるのです。

地球につながると、宇宙にもつながる、というのはこの意味です。

グラウンディングのワークは、慣れると、とても簡単です。

それこそ、数分でできてしまうようになるでしょう。

たったそれだけのことでも、じつは、本当にパワフルなワークなのです。

自分につながっているときというのは、こうしたワークをしなくても、そうしたことが自動的に起きています。

24時間、いつでもつながっているわけです。そうなれば、そのうちには、ワークの必要もなくなるでしょう。

疲れるのは、エネルギーが供給されていないからです。

地球につながるというのは、「地球」という大きなエネルギーが自分の後ろ盾になるということです。これはとてもパワフルなことです。

それだけ大きなエネルギーが、自分のエネルギーに成りかわっていくので、物事に動じなくなります。常に落ち着いていられます。何が起きても、冷静に対処することができるようになります。

ときには、いつのまにかコードがはずれていることもあるかもしれませんが、「はずれてる」と気づいたら、もう一度つなげばいいのです。

それは、考えがまとまらなくなったり、集中できなくなったりすることでわかります。あとは、精神的なショックを感じたり、地震のような物理的な衝撃を受けたりすることでも、はずれることがあるんですね。

たとえばパソコンでも、いきなり画面が消えてしまうことがありますが、じつはコンセントがはずれていた、というのはよくあることです。電源が入れば、すぐにまたつながれます。

グラウンディングは、まさにそれです。意識的につなげることで、エネルギーが自分にちゃんと供給される流れをつくってあげるのです。

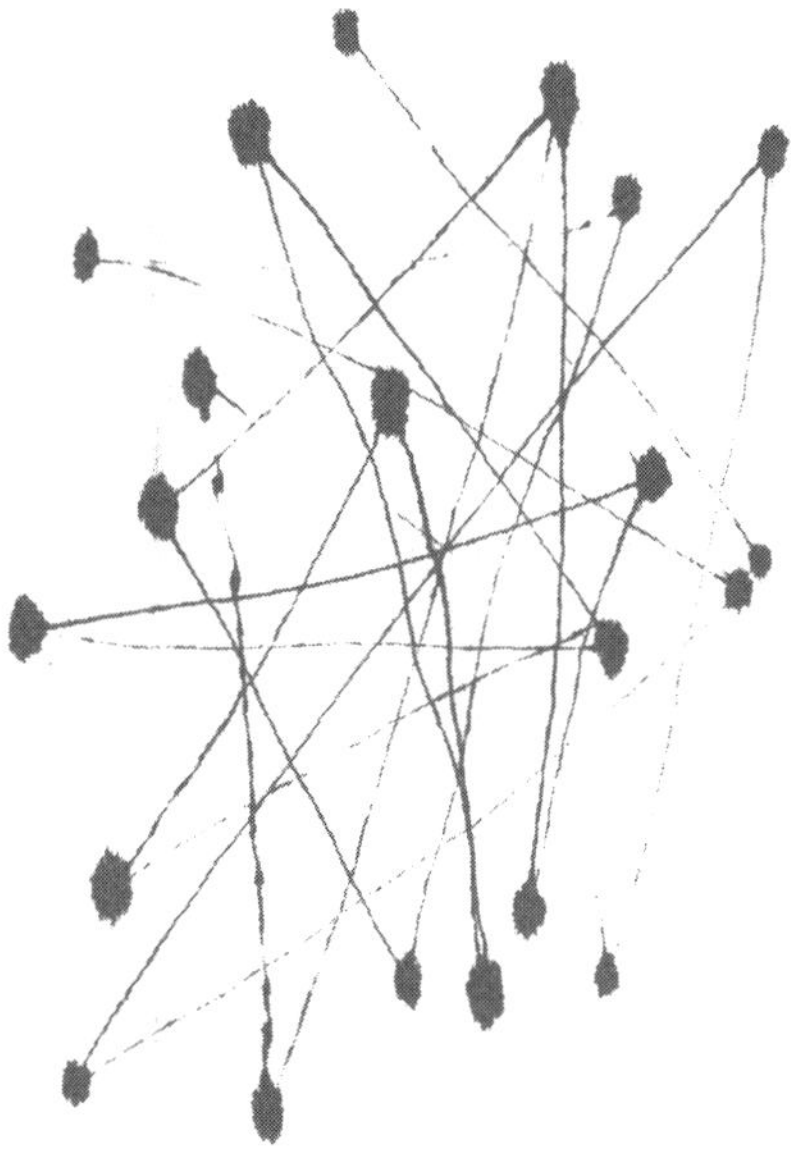

「センタリング」で自分の中心に意識を集中させる

「グラウンディング」の次に、もう一つのエネルギーワーク「センタリング」をしていきましょう。

「センタリング」は、自分の中心に意識を集中させるワークです。

脳には「間脳《かんのう》」という器官があります。脳幹の一部で、脳の真ん中にあって、自律神経を制御しています。

「センタリング」はイメージで行うワークですが、実際にある、この間脳に自分の全意識を集中させていくものです。

まずは「グラウンディング」をしてから、次に「センタリング」を行います。この二つは、セットで行っていきます。

それでは、「グラウンディング」で自分と地球をつなげた後に、こんどは、そのまま意識を頭の中心に置きます。

頭の中心、それが間脳の位置ですが、そこまで神経質になる必要はありません。なんとなく「中心はこのあたりかな」と想像がつくでしょう。その程度で、「頭の中心」に、自分の意識を100パーセント集中する、と思うだけで十分です。

からだの叡智《えいち》は、頭の中心がどこにあるかを正しく知っています。あなたが「この頭の中心に意識を集中させる」と思えば、ちゃんとその通りにできるのです。

さて、ここからがワークの始まりです。

「頭の中心」に、ドーム状のクリスタルでできた部屋をイメージします。

料理が冷めたり、ケーキなどに埃《ほこり》がかかったりしないようにかぶせておく、半円状の蓋《ふた》がありますが、これを「ドームカバー」というそうです。

エネルギーワーク

◎センタリング

1【ファースト・スタイル】

①椅子に座って、両足の裏を地面または床につける

2【ベーシック・スタイル】

②両手を軽く組んで、あごを引き、背筋を伸ばす

③目を軽く閉じる

3【プラクティカル・ワーク】

④背骨の基底部（尾てい骨のあたり）に意識を向けて、深呼吸を続ける

4【イメージ・ワーク】

⑤「グラウンディング」の後に、そのまま意識を頭の中心（間脳の位置）に置く

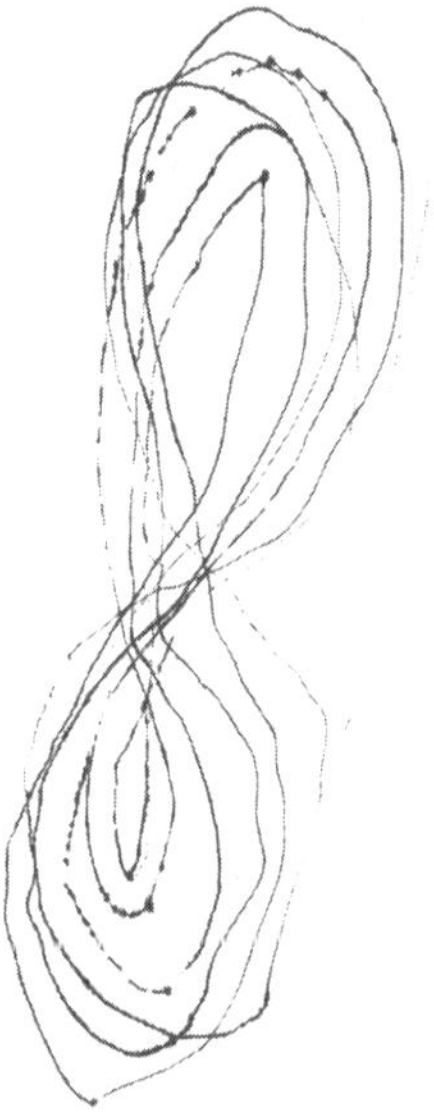

⑥「頭の中心」に、ドーム状のクリスタルでできた部屋をイメージする
⑦その部屋に入り、部屋のスイッチをオンにする
⑧部屋にいる自分以外の人たちに、帰ってもらう
⑨この部屋の掃除をする
部屋の不要品はすべて、グラウンディングコードでつながっている「床下収納庫」に収めることで浄化を行う
⑩部屋の中心に座り心地のいい椅子を置いて、次のことを宣言する
「私は、この頭の中心から自分の全人生を操縦します」
「自分の全人生において、自分が舵を取っていきます」
⑪最後の仕上げに、頭上に、光の球体をイメージする
息を吸いながら光を下に降ろし、息を吐きながら、その光を、ドーム状の部屋と自分に満たす
⑫大きく深呼吸して、この部屋の中に意識を置きながら、ゆっくりと目を開ける

頭の中の部屋は、ドームカバーと同じような形をイメージしてください。

全部が透明であることが大切です。

便宜上《べんぎじょう》、頭の中心にドーム状の部屋を用意するわけですが、そこに入ろうとしてみてください。

最初は、部屋の中は真っ暗です。

部屋のどこかにスイッチがあるはずですから、それをオンにします。

そうすると、パッと光が照って、部屋の中がよく見えるようになります。

ところで、僕たちがなぜ疲れるのかと言えば、「疲れる」＝「憑《つ》かれる」からです。

「憑かれる」というと、なにか霊的にものに取り憑かれる、というふうに思われるかもしれません。けれども、取り憑くのは、霊とは限らないのです。

僕たちは、生きている人の思いにも、取り憑かれている、ということがあります。

その人たちに、恨まれているということではありません。あなた自身が恨んでいるということでもありません。自分が大好きな人であっても、その人の思いをくっつけていることがあるのです。その思いは「執着」と言い換えることもできます。

クリスタルのドーム状の部屋を照らすと、いろいろな人たちが、そこにいることがわかります。

どの人も、あなたに影響を与えている人たちです。

知っている人もいるかもしれないし、知らない人もいるかもしれません。

でも、いろんな人がいる、ということは、あなたにもわかるはずです。

もしも、この人たちを、そのまま部屋に居続けさせていると、その人たちの影響を否応《いやおう》なく受けてしまいます。

たとえば「Aさん」という人がいたとします。Aさんは焼き肉好きです。

あなたは、「べつに焼き肉は好きじゃない」と思っていても、Aさんがこの部屋にいると、焼き肉を食べたいAさんに合わせてしまうような、そういう影響を受けてしまうわけです。

このクリスタルのドーム状の部屋には、どんなに大切で、愛している人であったとしても、誰一人として入れておいてはいけないのです。

あくまでもイメージ上ですが、部屋に入って灯りをつけて、他の人たちがいることがわかったら、その人たちに次のように声をかけてください。

「ここは私の部屋なので、自分の場所に帰ってください」

そうキッパリ伝えてください。

すると、どの人も、スーッと壁抜けするみたいに、このドーム状の部屋から消えていきます。

まず、これが「センタリング」の第1セットです。

さあ、部屋には誰もいなくなりました。

けれども、それまでいろいろな人たちがいたために、部屋が汚れていたりします。

紙くずが落ちていたり、空き缶などが散らかっていたりするかもしれません。

なので、この部屋の掃除をする必要があります。

この部屋の床には、跳ね上げ式の扉がどこかにあるはずです。

これを見つけて、パカーンと扉を開けると、床下収納庫のようになっています。

この収納庫は、「グラウンディング」の光のコード（グラウンディングコード）とつながっています。部屋にある不要品は、すべて、ここに入れてしまえばいいんです。

さあ、散らかっているものは、ここに収めて、あとは掃除機をかけたり、箒《ほうき》で掃《は》いたりしてください。

天井も掃除が必要です。ハンディモップのようなもので、天井も壁も、埃をはらうようにしましょう。

「そんなことを全部するのは大変だ」と思われるかもしれませんが、イメージですから、ものすごいスピードで掃除は完了できるはずです。

掃除が終わったら、モップも箒も掃除機も、もちろんゴミも、すべて「床下収納庫」に入れてしまいます。そして、その扉を閉めて蓋をします。

あとはもう勝手に、それが「グラウンディングコード」を通じて地球の中心に流れていきます。そこでクリアに浄化され、自分に使えるエネルギーになって戻ってきます。

これでＯＫ。さあ、部屋はきれいになりました。

ここはクリスタルの部屋なので、全部透《す》けて見えます。つまり360度、この部屋の中心から自分の人生を操縦することができるようになる、ということです。

ここから操縦するために、お気に入りの椅子でもいいし、座り心地のいいソファでもいいので、それをきれいになった部屋の中心に置きます。

そこにゆったりと腰掛けます。

そうしたら、心の中でこう言うんです。

「私は、この頭の中心から自分の全人生を操縦します」

「自分の全人生において、自分が舵を取っていきます」

どちらでも構いません。

つまりは、「自分がそれをします」ということの宣言になればいいのです。

最後の仕上げに、頭上に、光の球体をイメージしてください。

太陽のように、燦々《さんさん》と光り輝く球体です。

この光が、ハイヤーセルフのエネルギー、自分の本質のエネルギーです。

息を吸いながら、この光を下に降ろしていきます。

黄金の光が、キラキラとした光の粒子《りゅうし》となって、頭上から流れ込んで、ドーム状の部屋を満たしていくのをイメージします。

そのときに、自分のからだも、黄金の光で満ち満ちていくことを感じてください。

最後の最後に、大きく深呼吸して、この部屋の中に意識を置きながら、ゆっくりと目を開けてください。

これが「センタリング」です。

慣れないうちは、難しいかもしれませんが、頭の中心に意識を置くこと。徐々に慣れて、部屋の中心で、ソファにゆっくりくつろいでいる自分を想像できれば、「センタリング」ができます。

これを、とにかく朝晩やってみることです。説明を読むと長く感じるかもしれませんが、繰り返すことで、「グラウンディング」同様、パパパッとできるようになります。

意図にしたがってエネルギーは流れていく

エネルギーワーク（イメージワーク）をするときに、スピリチュアルな力がないとうまくできないんじゃないか、と質問を受けることがあります。

先に答えを言うなら、そんな心配をする必要はありません。

エネルギーワークは、誰にでもできることです。

ただし、意図をもって、それをすることです。

なぜなら、エネルギーは意図にしたがって流れていくからです。

「意図」とは、これからそれをしようと思うことです。

あなたが、そうしたいと思えば、望む方向にエネルギーが集まり、流れるようになるのです。

また、そもそものお話をするなら、スピリチュアルな力がない人など、じつはいないのです。

「スピリチュアルな世界」とは「精神的な世界」ですが、一言でいうなら、「つながり」だと僕は思っています。

自分とつながり、人とつながり、地球とつながり、宇宙とつながっている。その世界のすべてが「スピリチュアル」です。

どんな人でも、つながりのない人はいません。

「スピリチュアル」と無縁の人などいないのです。

長いあいだ、スピリチュアルは、特別な世界のことのように扱われてきました。けれども、ようやく今の時代になって、スピリチュアルを普通のこととして理解できる人が多くなりました。これからは、もっと多くなっていくでしょう。

僕が今、みなさんに伝えていることは、誰にとっても「普通」の「当たり前」のことになっていきます。

でも、まだ、そこには至っていません。

だから、たとえば「イメージワーク」と言われても、実際は、うまくいかないという人も少なくありません。

そういう人たちに話を聞いてみると、「イメージする」ということがよくわからないようです。

「イメージする」というのは、「思い浮かべる」ことです。

光をイメージしてください、と言われても、その光を思い浮かべてみることができない。ぼんやりと見えることはできても、ありありとした形ではイメージできないのです。

もちろん、ありありとイメージできる人もいます。

その意味では、訓練が必要な人もいるかもしれません。でも、「グラウンディング」「センタリング」のエネルギーワークを毎日、朝晩続けていれば、それ自体が訓練にもなって、スピリチュアルの力を取り戻していくことになるでしょう。

ところで、「センタリング」では、イメージした部屋の掃除をするわけですが、実際の、自分の部屋を掃除することも、自分とつながるのによい方法です。

自分一人になって、自分の今いる空間から余分なものを処分します。

天井は難しくても、壁や棚の埃をはらい、掃除機をかける。それだけで、気持ちが軽くなります。

ワークでは出てきませんでしたが、部屋に花を一輪飾るだけで、その場のエネルギーが変わります。

じつは、イメージした部屋と、実際のその人の部屋というのは連動しています。

実際の部屋が散らかっている人は、イメージした部屋も散らかっています。

頭の中がぐちゃぐちゃになっているから、実際の部屋もぐちゃぐちゃになるのです。

イメージすることが難しいというときには、実際の場所に変化を与えてみることです。

おわりに――本書の最後に、あなたに伝えたいこと

最後まで読んでくださって、ありがとうございました。

本書では「最適化」についてお話ししてきました。

最初にも申し上げたことですが、この本に限らず、僕が本を出版したり、講演会やセミナーでお話ししたりするのは、僕が表現すること、発信することで、あなたの興味を引いたり、もしくは、役に立つなと感じたり、「それいいね」って思うことがあるのなら、「ぜひ使ってくださいね」という、それだけなんです。

僕の言っていることを信じてくださいね、というのは一切ありません。

だって信じるも信じないも、その人の自由ですから。

そして、変わるも変わらないも、その人の自由なんです。

子どもの頃から、僕にとっては、スピリチュアルな世界、見えない世界は、現実にそこに存在していました。当時は、他の人にも自分と同じように見えていると思うほど、自分の見えている世界が当たり前だったのです。

でも、人には見えない世界があって、自分がここに来たのは、役割があるからだとわかって、そうして、いつのまにか本当に、いまの、この仕事をしているわけです。

「いまが、そのタイミングですよ」ということをお知らせするのは、大事なことだと思っています。だってお知らせしないと、誰もわからないわけですから。

さらに僕は、期日を切ってお知らせすることが多いので、ある意味でリスキーです。

それをすることで、不安を煽っている、というようなことを言われたりすることもあります。

けれども、それが事実としてあることを僕は知っているので、知っていることを知らないふりはできないんです。

なぜ僕がこの情報を持って、ここにいるかといえば、それを伝えることが必要だからです。だから、僕としては、伝わる人に伝われば、それでＯＫなんです。

可能な限り、いま伝えられる媒体《ばいたい》を使って伝えていく。それが大事だと思っています。

僕たちには、いままでとはまったく違う人生、違う展開が待っています。

それは、これまで体験したことがないことなので、僕は、その旗振《はたふ》りをしているわけです。それも、僕の役割だと思っています。

「こうすればいいんだよ」

「平気平気、落ち着いて、落ち着いて」

「だいじょうぶだから心配しないで」

それをあなたに伝えるために、ここに来ているので、これをやらずに帰れないわけです。

本書が、このタイミングで出版されることには、意味があります。

結局、自分は「目醒め」を選ぶ、または「眠り」を選ぶ。それが決まってしまうのが、

2021年の冬至です。

ただし、ここで大切なことは、たとえば「自分は目醒めを選択した」という人でも、どれだけの年月をかけて目醒めていくかは、それぞれ個人差があります。

急速に、加速して目醒めていく人もいれば、ゆっくり、もしかしたら、肉体を脱いで次の新たな肉体を得て目醒めていくという人もいるかもしれません。

今回の冬至で「眠り」を選択した人は、生まれ変わっても、生まれ変わっても、どこまでも眠りを体験することになります。

そこが、今回の人きな分かれ目です。

2021年の冬至という期日があったとしても、それまでに目醒めてくださいなんて、僕は一言も言っていないんです。

それまでに目醒めるのではなく、そこまでに目醒めることを決めてください、と言っているだけです。

「目醒めると決めたら、そのスタンスに立ってください」ということなんです。

目醒めのスタンスが見当違いになっていたら、残念ながら、その人はその方向に進めないことになってしまうので、そうならないためのお手伝いをしているわけです。

だから、何も焦る必要はありません。

不安になる必要もないのです。

「私はまだ目醒められていない」ということを、自分の汚点《おてん》のように感じる必要もありません。

そのことに気づいていればいい。それだけなんです。

「目醒めるという方向性は、こういうことなんだ」

そのことに気づいていただけたら、この本を出版した甲斐があったと言えるでしょう。

ありがとうございました。

並木良和

並木良和

なみき・よしかず

幼少期よりサイキック能力(霊能力)を自覚し、
高校入学と同時に霊能力者に師事、
整体師として働いたのち、本格的に
スピリチュアル(霊魂、精神)カウンセラーとして独立。
現在は、人種、宗教、男女の垣根を越えて、
高次の叡智につながり宇宙の真理や本質である
「愛と調和」を世界中に広めるニューリーダーとして、
ワークショップ、スクール、講演会の開催等
活発な活動を通じて、世界中で1万人以上の
クライアントに支持されている。
著書に『だいじょうぶ　ちゃんと乗り越えていける』、
本田健氏との共著
『風の時代を幸せに生き抜く方法』(きずな出版)、
『ほら起きて!目醒まし時計が鳴ってるよ』(風雲舎)、
『目醒めへのパスポート』『目醒めのレッスン29』(ビオ・マガジン)、
『みんな誰もが神様だった』(青林堂)他があり、
いずれもベストセラーとなっている。
執筆活動と同時にラジオやオンラインショップなど、
さまざまな媒体で活躍の場を広げている。

並木良和公式サイト
https://namikiyoshikazu.com/

「最適化」の世界

2021年11月21日　初版第1刷発行

著　者　並木良和
発行者　櫻井秀勲
発行所　きずな出版
東京都新宿区白銀町1-13　〒162-0816
電話03-3260-0391　振替00160-2-6333551
https://www.kizuna-pub.jp/

ブックデザイン　福田和雄（FUKUDA DESIGN）
装　画　水崎真奈美
編集協力　ウーマンウエーブ
印　刷　モリモト印刷

ISBN978-4-86663-155-4

好評既刊

並木良和

だいじょうぶ ちゃんと乗り越えていける

「つらくて心が折れそう」……困難が立ちはだかるなら、それが起こることの意味を知り、そのうえで行動を起こしていこう! 苦しい状況から自分自身を目醒めさせる一冊。

1540円(税込)

並木良和/本田健

風の時代を幸せに生き抜く方法

新しい時代の変化をどう受けとめ、どう乗り越えていくのか。これからの自分にとって何が大切かを考える。伝説のオンラインセミナー、待望の単行本化。

1540円(税込)

きずな出版
http://www.kizuna-pub.jp